Third Thinking

無意識思考

最先端の脳科学・心理学研究が証明した

最強の思考法

経営脳科学者
影山徹哉

あさ出版

ささいな意思決定をするときは、
長所と短所をすべて考慮した方がよいとわかっています。
しかし、パートナーや職業選択のような重要な選択となると、
意思決定は自分自身のどこかから、無意識からくるかもしれません。

——精神分析学者・医師　フロイト

プロローグ

よりよい人生を送るために

――最先端の科学で提唱された最強の思考法
〈Third thinking～無意識思考〉

私たちの人生は、選択の連続です。

どの学校に進学したいか、どんな会社に就職したいか、本当にこの人と結婚していいのか……。

そんな人生の大きな節目における選択ばかりではなく、たとえば今日の朝食は何にしようか、どの服を着ようか、ランチはどこの店に行こうかといった、日常の些細なことでも、私たちは日々さまざまな意思決定を行っています。

その都度、事の大小の差はあれど、ベストな選択ができるように、私たちは試行錯誤し、決めているのです。

もっとも、これまでの経験をひもといてみれば、ひらめきや直観によって、たちどころに心が決まることもあれば、長い時間をかけ、じっくり考えて、ようやく結論を導き出すようなこともあったでしょう。

それを思うに、私たちの「思考」には、どうやらいくつか種類があるようです。

実は、〝人間の思考〟については心理学をはじめとして、特に「行動経済学」という分野において、研究がなされてきました。

ノーベル経済学賞を受賞したアメリカの行動経済学者ダニエル・カーネマンは、人間の思考には、

①速い思考（システム１）
②遅い思考（システム２）

の２つがあるとしました[1]。

そして、私たち人間は、意思決定の対象が何であるかに合わせて、最もよい決定が

できるように、2つの思考を使い分けているというのです。

「速い思考」とは、端的にいえば「直観的に素早く決める」思考です。

「今日のランチはどこにしよう？」と考えたとき、職場の近くにできた新しいお店をぱっと思い出して「あそこに行ってみよう！」と即決したとしたら、そのとき私たちは「速い思考」を使っています。


一方、「遅い思考」とは、要するに「熟考して決める」思考のこと。

たとえば、パソコンやスマートフォンなどの、ある程度高額なものの購入を検討するときは、数ある商品を前にしてそれぞれのスペックを比較したり、価格を見比べたり、デザインやカラーを見比べたりと、じっくり考えてから決める方が多いでしょう。

そういうときは「遅い思考」を使っているのです。


どなたにも、覚えのある話ではないでしょうか。

しかし、もう少しだけがんばって、これまであなたがやってきた「意思決定」を振り返ってみてほしいのです。

次のような経験はないでしょうか？

先ほど例に挙げた、パソコンやスマートフォンを購入する際のことを考えてみましょう。あれこれ比較しようにも情報量が多すぎて、どの製品にすればいいのか決めかねてしまうことってありませんか。

家電量販店に足を運んだものの、どうにも決めかねて、「検討して後日購入しよう」と、情報だけたくさん入手して店をあとにしました。

それから3日後、通勤途中に「そうだ！　あれにしよう！」と突然ひらめいた……。

こんな経験、ありませんか？

新企画の構想を練るために何時間もかけて情報を集め、検討したのに、なかなかいい案が思い浮かばない。一日切り上げて家に帰り、お風呂につかってゆっくりしていたら、不意に名案が思い浮かんだ……。

これもよくある話ですよね。

実は私たちは、意思決定に行き詰まったとき、あえて意思決定の対象とは何の関係もない活動に従事し、決定を先延ばしするということを、日常的に行っています。そうして先延ばしにしているうちに、ふとひらめきが訪れる瞬間を迎えるのです。

そして、この「一旦考えるのをやめたあと、別のことをしているときに急に思いつく」という思考は、先に挙げた「速い思考」「遅い思考」のどちらにもあてはまりません。

いわゆる「思考を寝かせてから決める」というまったく別の思考法です。

さらに突き詰めて考えると、思考を寝かせたあとに考えがひらめく瞬間が訪れるのは、意思決定の対象に注意を向けていないときではありませんか？

たとえば入浴中、散歩中、通勤電車の中で、読書中、洗濯物を干しているとき……。

不思議ですよね。

そこで、考えてみてほしいのです。

考えを一旦やめたはずなのに、なぜ急にひらめきが訪れたのでしょう？　そもそも、考えることなく結論を導き出すことなどできるのでしょうか？

いいえ、そんなはずはありません。

何の思考も起こっていなければ、突然ひらめくことなどありえません。

ということは、一旦考えるのをやめたつもりが、私たちのあずかり知らぬところで、なんらかの思考が続行されていたと考えるほうが自然ではないでしょうか。

家電量販店を出て、家に帰って夕食をとり、洗濯物をたたみ、お風呂に入っている間にも、「どのスマートフォンを選ぶか」に関する思考が、無意識のうちに継続されていたと考えるほうが自然です。

しかも、この思考は「自分では意識できない思考」なのです。

意識できない思考——これが本書でこれからご紹介する「無意識思考」です。
「無意識思考」は、先に紹介した「速い思考」（直観／システム1）「遅い思考」（熟考／システム2）に加えて、第三の思考～Third thinking（システム3）として近年、最先端の科学において提唱されている思考法です。

私は経営脳科学（経営神経科学ともいう）という分野を研究しています。

経営を心理学的側面から研究する分野は、経営心理学として知られていますが、私はそれを脳科学の領域まで拡張し、経営を脳科学的側面から研究しているのです。

まず、日本・アメリカの大学で経営学について学び、経営コンサルタントとして企業の現場で経営支援をさせていただくなかで、私は意思決定、そして新しいモノやサービスを生み出すための創造的思考法に興味を抱きました。そして、今や意思決定や思考法の研究は、心理学や行動経済学から脳科学にまで発展してきていることを知ったのです。

そこで私は、世界最先端の脳科学研究が可能な東北大学加齢医学研究所にて思考法、とりわけ無意識思考について研究を行いました。その研究結果についての論文も認められ、現在は、京都の大学で非常勤の教員をさせていただいております。

この無意識思考の研究はまだ歴史が浅く、特に、無意識思考の脳科学研究については、世界的な研究機関の1つであるアメリカのカーネギーメロン大学の研究者らが行った研究と、私たちが行った研究の2例しかありません。

ただ現在、世界中で研究が進められており、発展的な分野の1つと考えられています。その点において、多少おこがましくはありますが、この研究分野における世界的トップランナーと自負しているのです。

私たちは、知らずしらずのうちにこの「無意識思考」を使うことで、私たちが本来持っている素晴らしい能力を開花させてきました。

「無意識思考」は誰しもが使える能力です。

しかし、これまでこの能力があることに、みんな気づいていませんでした。気づかないまま、なんとなく使ってきたわけです。

その「無意識思考」を、意識的に使うことができたとしたら？

私たちの可能性は、無限に広がっていくのではないでしょうか。

今現在、この「無意識思考」は、複雑な意思決定において「速い思考」「遅い思考」のどちらよりも優れた思考であることが、科学的に証明されています。

この思考法によって、ビジネスの意思決定から、進学、就職、結婚など生活における意思決定まで、これまで以上にベストな選択ができるようになるでしょう。さらには、「無意識思考」を活用することで、創造性も向上することがわかっています。

これからの時代、私たちが最も活用すべきは、「速い思考」でも「遅い思考」でもなく、これからご紹介する、第三の思考である「無意識思考」であることを、私は確信しています。

今、世の中では人工知能が急速な発展を見せています。

近い将来、労働における単純作業はすべて、コンピューターとそれが制御する機械にとってかわられる可能性が示唆されています。そのとき、私たち人間は、これまでよりも多くの時間と労力を、創造的な活動に割くことができるようになります。

裏をかえせば、創造的な仕事において能力を発揮できなければ、居場所がなくなってしまうでしょう。

「アイデアが湧かない」

「もっと創造性があったらな……」

と嘆いている余裕すらなくなってくるはず。

そうして、自らの創造性や発想力のなさに悩む人に、有効なものこそ、この「無意識思考」なのです。

音楽の天才モーツァルト、文豪ヘミングウェイなどといった世界的偉人は、この無意識思考を使って偉業を成し遂げてきた可能性が大いにあるのです。

さらに、マイクロソフト、アップル、スターバックスなど世界的大企業の発展の影にも、この無意識思考の存在があった可能性があります。

つまり、周囲をあっと驚かせるようなアイデアを生み出すことが、この思考を使うことで可能となります。

まさに、創造性を生み出す究極の思考法。それが無意識思考なのです。

「無意識思考」——俄然、気になってきませんか？

すでに学問の分野では注目されてきたこの「無意識思考」を、一般書として読者のみなさんにご紹介するのは、本書が初めてになるでしょう。

そもそも「思考」とはどんなものなのか。

なぜ、「無意識思考」が今重要なのか。

どうすれば「無意識思考」を活用し、私たちの仕事や日々の生活を充実させることができるようになるのか。

これから詳しく解説していきます。

難しいことはありません。なぜなら、誰もがすでに使っている思考法なのですから。

ただ、「無意識思考」の存在を知って活用できるか、知らないままなんとなく使っているか――この両者には大きな差が生まれてきます。

もし、これを知って活用することができたら……。みなさんの生活は、大きく変化し、より充実するはずです。実際、私自身も、さまざまな人生の局面において、この無意識思考に助けられてきました。

今はダマされたと思って、信じてみてください。

無意識思考は、最強の思考法です。

本書を読み終えたとき、きっと読者のみなさんに、それをご納得いただけると思います。

目次

【第3章】世界最先端の研究でここまでわかった！
——「無意識思考」で一体何ができるのか

【第4章】問題について〝注意〟を向けているか否か
――「意識思考」と「無意識思考」という2つのモード

【第6章】第三の思考で人生は変わる！

――〝創造性〟は人間が持つ最高の知性

エピローグ

編集協力／玉置見帆
特別協力／半田威徳

【第1章】

その「選択」は最善か？

——人生は一つひとつの意思決定で成り立っている

日々、何かを選択し続けている私たち

私たちの日常は、選択の連続です。

朝食はパンにするか、ご飯にするか。

どの服を着ていくか。

傘は持っていくか。

会社まで電車で行くか、バスで行くか、車で行くか。

そして、会社に着いたら、メールを返信するか否かを選択し、前者を選択したら、今度はどんな文面で返信するかを決める。次にどの作業を処理するかを選択し、取り掛かる……。


などなど、退社するまで数限りない選択を繰り返します。

いや、退社してからも、帰宅途中も、帰宅してからも、毎秒毎秒、選択が繰り返されるのです。

コロンビア大学ビジネススクールで、意思決定の研究をしているシーナ・アイエンガーは、

「人は一日に平均70回の意思決定をしている」

と述べています[2]。

この中には、朝食で何を食べるか、どんな服を着るかという比較的小さな選択から、内定をもらった会社のうちどちらを選択するかといった、人生を決めるほどの大きな選択まで含まれています。

１日に70回の意思決定を行っているということは、１週間で約５００回、１か月で約２１００回、１年では約２６０００回もの（！）意思決定を行っていることになります。

みなさんの年齢から、これまでどれくらいの意思決定してきたのか、ざっくりと計

算してみてください。

あまりの数の多さに驚かれるかもしれません。

いわば、私たちが生きることは意思決定を続けることであり、一つひとつの意思決定が私たちの人生を形作っているのです。

思考にも〝アクセル〟と〝ブレーキ〟がある

そもそも、私たちはどのように意思決定をしているのでしょうか？

意思決定の重要性は、過去多くの研究者・科学者らの関心事でありました。

そのため、意思決定研究には長い歴史があり、私たちがどのように意思決定しているかについては、すでにさまざまなことがわかっています。

私たちが何かを選択するとき、２つの脳の働きが関わっている――。

いわゆる、

①速い思考（システム１）
②遅い思考（システム２）

という2つの思考があることは、本書の冒頭でもすでにご紹介したとおりです。

無意識思考（システム3）についてひもといていく前に、まずは「速い思考」と「遅い思考」について詳しく説明してみましょう。

①速い思考（システム1）

「速い思考」とは、直観的で素早い思考を指します。

たとえば、パン屋さんに入り、衝動的に「クリームパンがおいしそう」と思って、即座に買ったとしましょう。これは「速い思考」を使って意思決定したことになります。

突然聞こえた音の方向を察知する、という瞬間的な判断も「速い思考」のなせる業です。たとえば、私はヘビが大の苦手なのですが、ヘビの写真やヘビ柄のカバンを見ると、目をそむけたくなります。これも「速い思考」を使ったことになります。

ただ、「速い思考」は努力も不要で素早いのですが、無自覚であるが故のバイアスを起こすこともあります。

たとえば、次の問題について即答してみてください。

バット１本とボール１個の値段は合計１ドル10セントです。
バットはボールより１ドル高いです。
さて、ボール１個の値段はいくらでしょうか？

これは「認知的熟慮性テスト」と呼ばれ、「速い思考」によるバイアスを示すためによく使われる問題です[3)]。

さあ、答えをどうぞ！

多くの人は「10セント！」と答えます。みなさんはどうでしたでしょうか？

しかし、ボールが10セントなら、バットは１ドル10セントということになり、２つの合計金額が１ドル20セントになってしまいますよね。

よくよく考えるとわかるのですが、「即答して」となると、間違ってしまう人が多いのです。

正解は5セント。

「10セント」という答えを導き出したのは「速い思考」の働きによるものですが、後から冷静になって考えることで誤りに気が付くのは、のちほど説明する「遅い思考」のゆっくりとした思考の働きによるものです。

この場合「速い思考」を自動車のアクセルにたとえるなら、ブレーキに相当するものが「遅い思考」ということになります。

②遅い思考（システム2）

「遅い思考」とは、じっくりと考える、熟考することを担当しています。

「論理的思考」「合理的思考」と言い換えることもできます。

たとえば、先程のパン屋さんの例でいえば、最初に「クリームパンがおいしそう」

と思ったけれど、よく見るとその隣においしそうなあんぱんがあることに気づきます。「クリームパンもおいしそうだけど、あんぱんもおいしそう。でも、２つも食べるとカロリーオーバーだし、どっちにしよう……」などと、じっくり考えて決断したとしたら、それは「遅い思考」を使ったことになります。

「遅い思考」は、複雑な計算を判断したり、企画書を作成したり、旅行の計画を練ったりするときに使われます。

そして私たちは、これら2つの思考を活用して、日々、意思決定を行っているのです。

それぞれが「最善な答え」を用意する “古い脳”と“新しい脳”

社会認知神経科学（脳科学研究）において、世界で最も注目されている研究者の1人であるカリフォルニア大学ロサンゼルス校心理学部、精神医学・生物行動科学部教授のマシュー・リーバーマンは、システム1（速い思考）、システム2（遅い思考）の2つのシステムについて、それぞれ多様な脳領域の関与を指摘し、さらに、2つのシステムは異なる脳の神経回路が関係していると主張しています[4]。

（※以下、リーバーマンの指摘については、その用語を尊重するために、システム1、システム2という用語を使わずに、Xシステム〈反射的システム〉、Cシステム〈内省的システム〉という用語を使っています〈研究者によって、タイプ1、タイプ2と呼ぶこともあります〉。XシステムのXは「反射的」を意味するReflexiveのx、Cシステムは「内省的」を意味するReflectiveのcに由来しています。）

【図版1】2つのシステムを司る脳領域（イメージ）

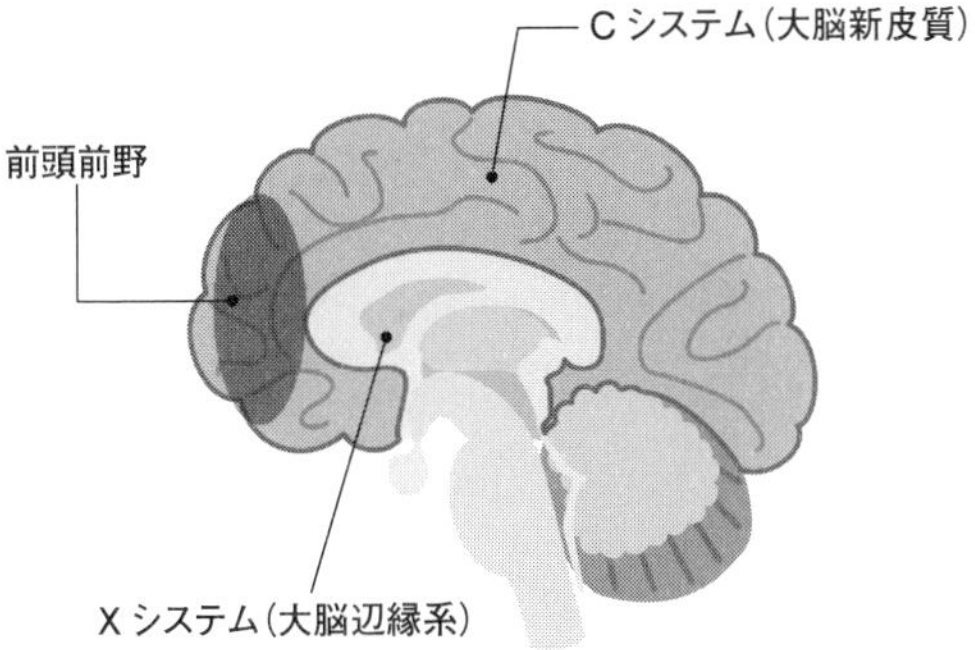

Xシステムは、生きていくために必要な本能や情動などを司る大脳辺縁系が関与。一方、Cシステムは、計算やコミュニケーションなど人間に特有で高次な活動に関係している大脳新皮質が関与するであろうと仮定している。

Xシステムについては、大脳の奥深くにある大脳辺縁系（恐怖や不安、喜びなどの情動と関係している扁桃体などからなり、進化的に古い脳とされている）が担っているとする一方で、Cシステムは大脳新皮質、とりわけ脳の司令塔とも呼ばれる前頭前野（まさに思考を担う脳の最高中枢と説明されることが多く、進化的に新しい脳であるといわれている）が関与しているとし、人間は、この2つの独立した脳のシステムを活用して、日々の意思決定を行っているというのです（【図版1】）。

リーバーマンのこの指摘が、私の研究

テーマの発端となりました。

2つの脳の働きに注目し、複雑で難しい意思決定において、どのように選択すればベストな選択ができるのかを、研究することにしたのです。

私の仮説は、リーバーマンがいうところのCシステムである「遅い思考（システム2）」、つまり「じっくり考える」ことが、難しい選択に対しては有効だろうというものでした（【図版2】）。

別に研究者でなくとも、おそらく多くの人が〝なんとなく〟そういう感覚を持っていることとは思います。

しかし、「複雑で難しい意思決定」といっても、今までも挙げてきたように、対象はたくさんあります。

そこで私が研究対象としたのが「ビジネスにおける意思決定」でした。

特に、経営に関わる意思決定は、非常に複雑で難しいものの1つです。

私自身、かつて中小企業を対象とした経営支援業務に携わっていた経験もあり、多くの経営者の方と接する中で、その重要性については痛感していました。

【図版２】２つのシステムの主な特徴

システム１	システム２
直観的	分析的
速い	遅い
自動的	制御的
努力は不要	努力を要する
古い脳が関与	新しい脳が関与

どのように事業を展開するか、誰を採用するか、どこにどれだけ投資をするか。

経営における意思決定は、それらの成功の可否によって、数千万円の損失になるときもあれば、数億円の利益につながることもあります。

たとえば、ノーベル経済学賞を受賞したアメリカの経済学者・認知心理学者ハーバート・サイモンも、「企業経営において最も重要なのは意思決定である」[5)]、と述べています。

意思決定と思考のしくみがわかれば、ビジネスにおける意思決定において、常に最良の選択ができるようになるのではないか……と考えたのです。

80年以上にもわたって研究された〝ビジネス〟と〝思考〟から見えてくるもの

「うちの上司は直観が鋭くて、決断も早いから、仕事のスピードも速くて仕事が進めやすい」

「先輩は細かいことでもじっくり考えるから、仕事がなかなか進まなくて困る」

……よくありがちな話ですね。

これらは要するに、その人の思考が「速い思考」に相当する直観性と、「遅い思考」に相当する論理・合理性のどちらに偏っているかは、個人差があるということです。

時間をかけず感覚的に処理する傾向のある人は、直観型といえるでしょうし、じっくりと時間をかけて考えるのが得意な人は、論理・合理型といえます。

こうした情報処理の好みのことを「認知スタイル」と呼び、一般的には学習や業務遂行に影響するといわれています。

では、ビジネスにおける意思決定には、直観性と論理・合理性のどちらが重要であるといえるでしょうか？

私は、それこそ直観的には、論理・合理性が重要であると考えていました。ビジネスで接してきた多くのビジネスパーソン、特に経営者の中には、じっくり考えて結論を下すタイプの方が多かったからです。

ところが、結果は逆でした。

実はビジネスと思考については、すでに80年以上にもわたって研究されており、「ビジネスにおいては直観性が重要である」と結論づけられていたのです[6]。

たとえば、アメリカのコンピューター産業、銀行業、エネルギー産業を代表する企業の管理職は、直観的な意思決定を行っていることが研究によりわかっています。

特に、コンピューター産業は外部環境の変化が著しいといわれ、そのような企業ほど、直観的意思決定は良好な企業業績と結びつくことも、わかっています[7]。

同様に、イギリスの中小企業を対象とした研究でも、直観性が良好な経営パフォーマンスと関係していることが報告されています[8]。

そして、直観に関する研究テーマは直観性と起業家[9]、直観性と戦略的意思決定[10]、直観性とプロジェクトマネジメント[11]など多岐にわたっていました。

ただし、ビジネスと一口にいっても、たとえば管理職と一般従業員では求められる役割が大きく異なるはずです。そのため、認知スタイルは職階との関係においても長年研究されてきました[12]。それによると、職階が上がるにつれて直観的になることが、明らかになっています[13]。簡潔にいえば、部下より上司のほうが直観的な傾向が見られるわけです。

たとえば、イギリスの大手建設会社では、取締役クラスは中間管理職よりさらに直観的な傾向があり、大手ビール会社においても同様の傾向があることが示されています[14]。

実際のビジネスでは、時間制約がある中で、完全な情報を得られることはまずありません。むしろ、不確実な状況下で、仕事を進めなくてはならない状況が多々あり、多くの管理職はこのような状況に直面したときに、直観的な意思決定を行うといわれています[15]。

たとえば、マイクロソフト創業者・元会長のビル・ゲイツは、ＣＮＮのインタビューで「アイデアの良し悪しをどう判断するか」と尋ねられ、

「自分でこれがいけると思ったら、その直観を信じることにしています」

と答えています[16]。

アップルの創業者・元会長のスティーブ・ジョブズも、自身の成功は直観的思考によるものであるとして次のように述べています。

「直観は非常にパワフルです。知性よりパワフルだと思います。直観的理解や知覚というものは、抽象的思考や知的で論理的な思考よりも、ずっと重要であることに気が付きました」[17]

スターバックスコーヒーの元会長のハワード・シュルツも、これまでに学んだこと

について聞かれ次のように述べています。

「さまざまな対立する意見がある中で、私は直観的な感覚を信頼することを学びました」[18]

実際、彼はスターバックス入社1年目でミラノに出張した際に、現在のスターバックスの原型がひらめいたと述べています。

ミラノのエスプレッソバー、そしてそれぞれのカフェが持つ儀式性と物語性。それらを見たとき、「こういう店をアメリカに作ったらどうだろう」とはっと思いつき、身震いしたといっています。

ヴァージングループの創業者・会長のリチャード・ブランソンは、

「私は、相手をどう判断するか、出会って30秒以内で決めます。出会って、30秒で人間を判断するのと同じで、ビジネスの提案でも、心が躍るかどうかは30秒でわかる。私にとっては、統計的リサーチより直観のほうが遥かに大切なのです」

といっています[19]。

こうした直観的な経営者が経営する企業は、論理・合理的意思決定方式を主流とする企業よりも、長期的に見て成長率が高いこともわかっています。

このような背景から、認知スタイルと直観研究は脚光を浴びるようになり、同時に、経営と直観性に関する一般書も出版されるなど、現実の経営にもさまざまな形で影響を与えるようになりました。

しかし、私はこの結論を導いている研究・調査には、以下の３つの問題点があると考えました。

①これらの報告や研究は主に欧米圏で行われている

「ビジネスの成功は直観だ」と主張する研究調査は欧米圏、特にアメリカやイギリスで行われたものが中心です。文化そのものや企業文化がまったく異なる国では、違う結果や結論が導かれるかもしれません。

【図版3】1軸モデルと2軸モデル

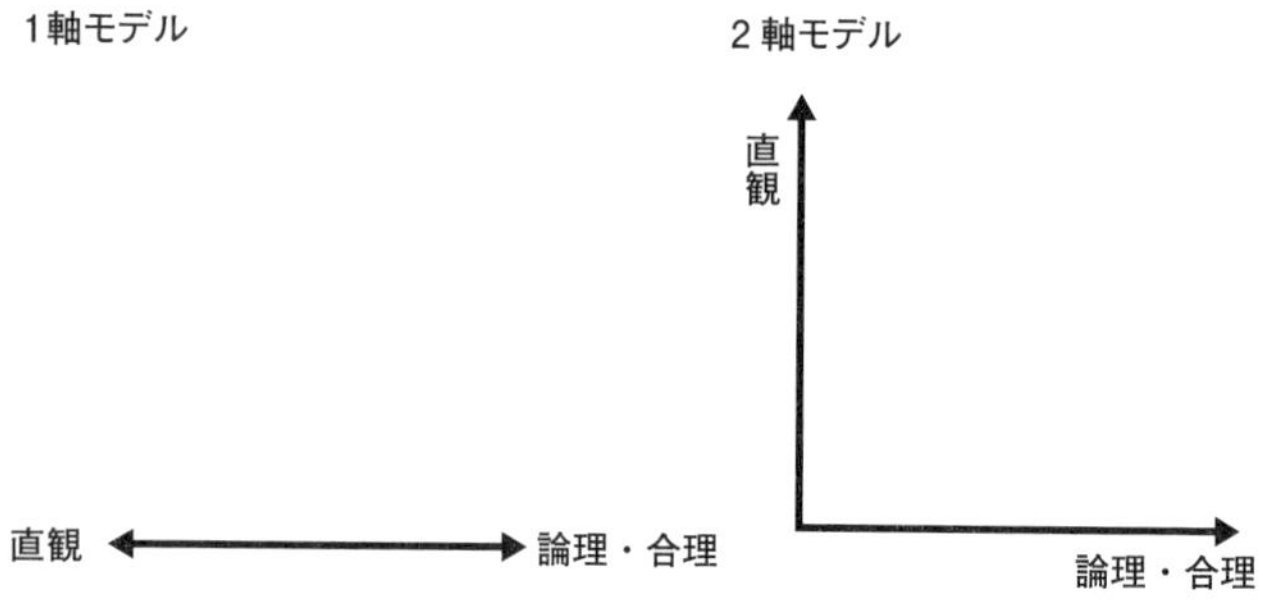

1軸モデルでは、直観性が高い人は、それに応じて合理性も低くなるなど、どちらか一方が高い場合は片方は低くなることを示している。
一方、2軸モデルでは、それらが独立している。

②年齢の影響

これまでの研究では、年齢の影響が考慮されていませんでした。一般的に、職階が上がれば、年齢も上がると考えられます。

さらに、直観性と年齢は、正の相関関係があるという研究があります。

つまり、「経営の話とは別に、単に、年齢が高いから直観的であった」と、年齢だけで説明がついてしまう可能性もあるのです。

③認知スタイルを計測する質問紙が、古い理論に基づいている（【図版3】）

これまでの研究では、認知スタイルを

計測する質問紙として1軸モデルのものを使用していました[14]。

ところが、近年の認知科学研究によると、直観性と論理・合理性はそれぞれ独立しているという2軸モデルが主流となっています[20]。

先ほど紹介した社会認知神経科学（脳科学研究）においても、それぞれ独立した神経回路が担っていると説明されており、独立したものとみなすことが妥当です。

思考法にも〝各国の文化〟が反映されている

そこで、私は30代から60代の私企業（公務員は除く）に勤める日本人ビジネスパーソン１６００名を対象に、職階、年齢、性別に偏りが出ないように均等にデータサンプリングをした上で、職階と認知スタイルに関する調査を行いました[21]。

その結果は、驚くべきものでした。

日本人管理職は、論理・合理的な認知スタイルを有していることがわかったのです。つまり、先行知見とは正反対の結果であり、日本企業は直観性ではなく論理・合理性に牽引されていたのです。

一方で、論理・合理性に関して職階と年齢の関係性を詳しく見てみると、興味深い傾向があることがわかりました。

【図版4】30代と60代の得点傾向は異なる

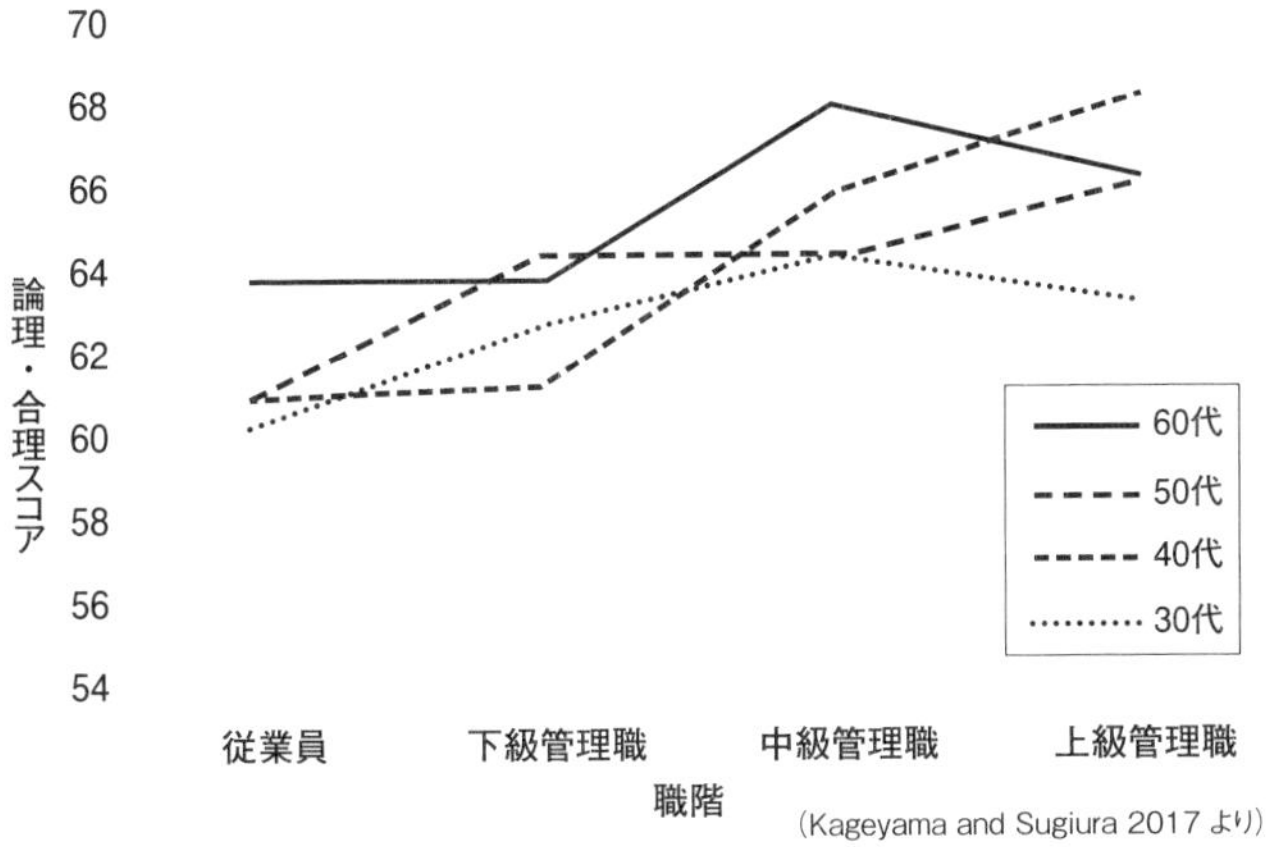

(Kageyama and Sugiura 2017 より)

30代と60代の上級管理者の得点傾向が、40代と50代のそれと異なっていたのです(【図版4】)。

まず40代、50代は、職階とともに論理・合理性得点が高くなっています。これは、年功制に基づく典型的な日本企業の文化を反映しているのでしょう。

一方、30代、60代の上級管理者は、一般的な年功制をベースとした企業文化から外れているサンプルが含まれていると考えられます。

この層には、特異的な個性や能力(たとえば、起業家精神やカリスマ的リーダーシップ)を持つ人が含まれていると考えられ、彼らの昇進には論理・合理性が影響しなかったと推察されます。

これらを踏まえ、私はビジネスと認知スタイルの関係性には、文化の影響があると仮定しました（【図版5】）。

上司から新規事業のアイデアを求められたとき、欧米企業では部下が直観的に「これにしましょう！」と提案できる下地があるでしょう。

しかし、日本企業でそれをやると、「もう少し考えてみなさい」と返答されがちです。日本文化では、じっくり考えるという「努力」や「苦労」が美徳とされる傾向があるからです。

「ビジネスの意思決定では直観を使え！」と、単純に言い切ることはできないのではないか——。

私はそういう結論に至ったのです。

【図版5】認知スタイルの関係性には文化の影響がある

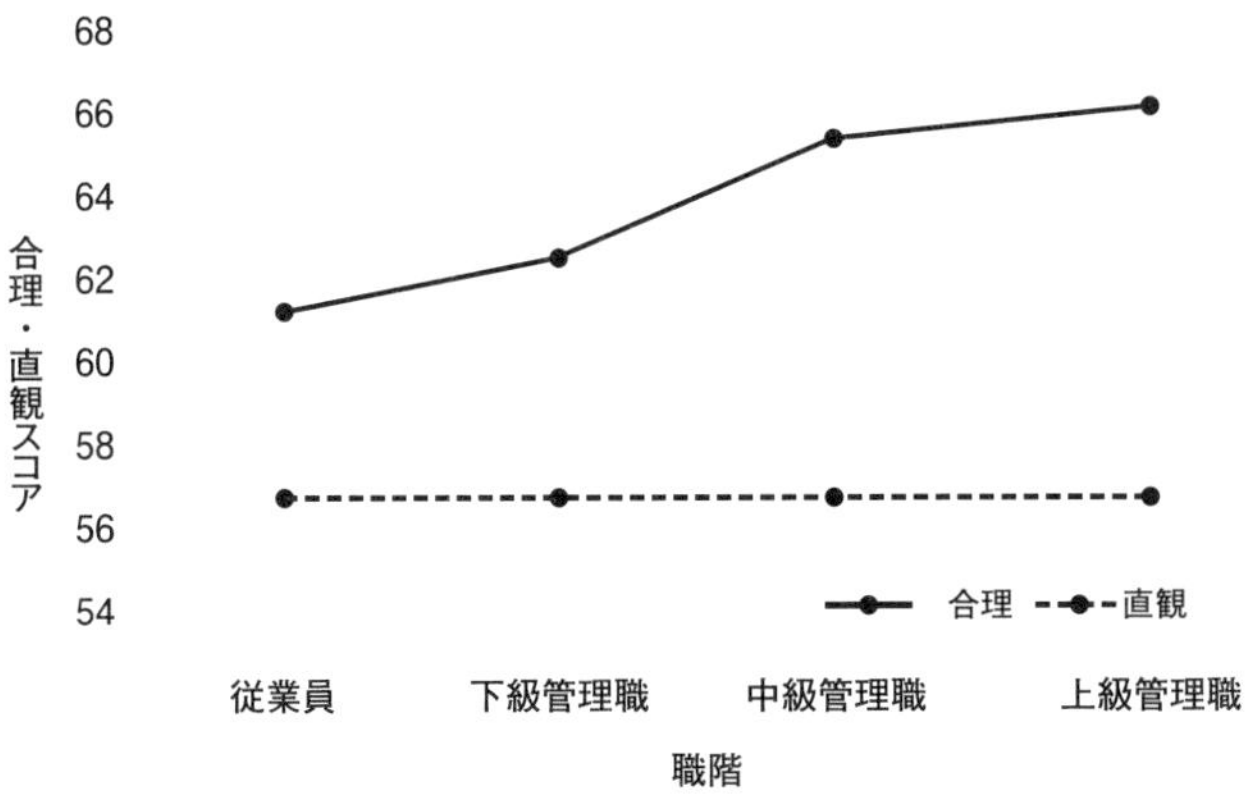

日本人の場合、直観性はほぼ横ばいであるが職階が上がるにつれて合理的になってゆく。下の図はイギリス人との比較（イメージ）。
（Kageyama and Sugiura 2017 より）

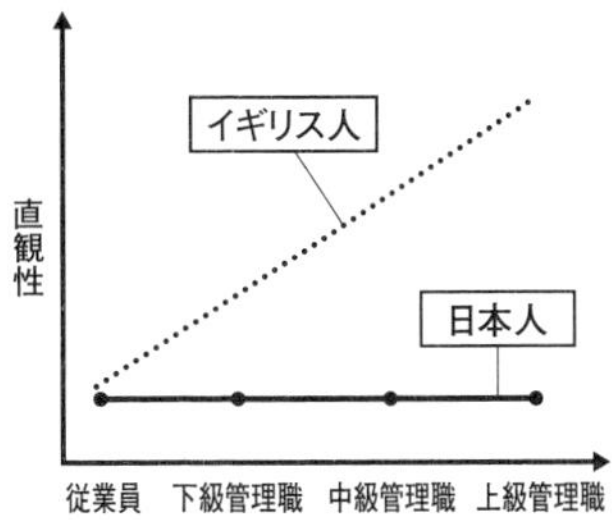

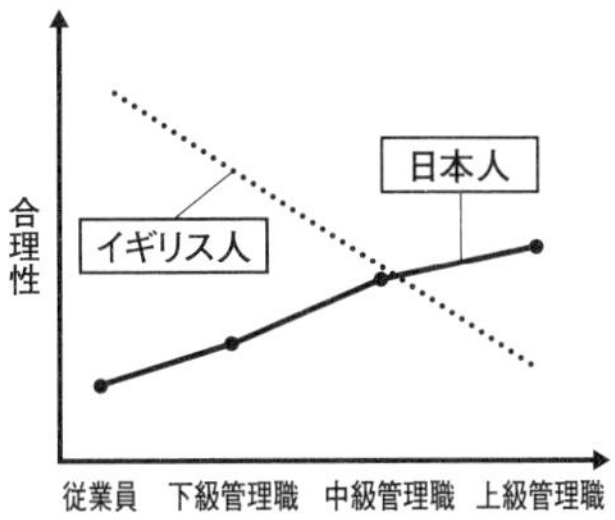

【第2章】

これからの時代をどう生き抜く？

——必要不可欠かつ最強の思考ツール「無意識思考」

「あのとき、ああしておけばよかった」をなくす方法

私たち、というより日本人は、難しい選択に対して「じっくり考える」というアプローチをとることが最善の策である、と信じがちです。

「じっくり考えなさい」

といわれたとき、つまりそれは「遅い思考を使いなさい」といっていることに他なりません。そして私の研究データは、日本人が論理的・合理的にじっくり考える傾向が強いことを示しました。

でも、じっくり考えて最善の選択ができるのであれば、みんながうまくいっていなければおかしいのです。すべての選択が最善で然るべきなのです。

しかし、現実はそうではありません。

多くの方が、過去の選択を後悔し、「あのとき、ああしておけばよかった」と悔や

んでいます。

一方、「難しい意思決定にどのようなアプローチで臨むべきか」という研究では、これまで〝直観性が重要視されている〟という結果でしたが、私の研究によると日本においては異なっていました。

どうやら、そこには文化などさまざまな影響があり、一概に直観性と合理性のどちらがよいかは断言できないようなのです。

そこで、私は確信しました。

「2つの脳の働き」に限って議論している限り、「複雑な選択に対するアプローチ」に対する答えは永久に出ないのではないか……と。

そこで私が着目したのが、「無意識の思考」という現象だったのです。

〝いいアイデア〟はじっくり考えても生まれない

「人間は、無意識に思考することができる」

これは、科学的に検証されている事実です。

私は、最新の脳計測装置を用いて、この「無意識思考」を行っている脳活動を捉えることに成功しました。

さらに、最先端の心理学・脳科学の急速な進展にともない、私たちが無意識に思考していている事実が、次々と明らかにされています。

この「無意識思考」を端的に説明するなら、

「課題に対して意識的な注意が向けられていないときの思考」

という意味になります。

そして、私たちは認識していないだけで、実はこの「無意識思考」を日常的に利用しています。


ところでみなさん。

思考とは何でしょう。私たちはなぜ思考するのでしょう。

たいていの場合、人が何かを思考するのは、考えをまとめたいときです。思考して、意思決定をしたいときとも言い換えられるでしょう。

私は以前、経営コンサルタントとして、多くのビジネスパーソンと関わった中で、あることに気がつきました。

彼らはたいていの場合、大きく分けて２つの共通する悩みを持っているのです。

１つは、望ましい意思決定ができないこと。

ここでいう意思決定とは、「これを買うか買わないか」といった単純なことではなく、ビジネス・経営における、非常に複雑で難しい課題を対象としています。

たとえば、この事業に投資すべきか、どんな人を採用するか、この部署をどのようなチーム編成にするか……といった、企業の命運を左右しかねない課題などです。

そして、望ましい意思決定をすることが、ビジネスの成功のための大きな要因になっていることは間違いありません。つまり、意思決定において最高のパフォーマンスが発揮できれば、ビジネスは向上していくのです。

もう1つの悩みは、創造性に乏しく、斬新なアイデアを生み出せないこと。

日本人が最も苦手とするのが、この「創造性」だと感じます。

日本の教育がこれまで暗記教育をメインとしており、創造性が評価されにくかったことが大きな要因でしょう。画一的な受験教育の弊害もあります。

斬新さあふれるアイデアが、生まれにくい土壌が作られてしまっているのです。

一方、世界に通用する製品やサービスを生み出すには、斬新なアイデアが必須です。

今の時代、創造性やアイデアを生み出す力が、企業の力、ひいては国力の差につながるといっても過言ではありません。

では、いわゆる「よいアイデア」を生み出すには、どうすればいいのでしょう？

じっくり時間をかけて考える？　思いつくまで、ひたすら検討し、悩み続け、そのためにならいくらでも時間をかけるべき？

上司にアイデアを求められても、いい提案ができなかったとき、「もっと考えなさい」「本当にじっくり案を練ってきた？」なんて小言をもらってしまったり……。

そんな経験はありませんか？

要するに、

「いいアイデアは、じっくり考えることで生まれる」

と思っている人が多いわけです。

しかし、これは大きな間違い。むしろ「じっくり考える」ことは、革新的なアイデアを生み出すために、最もやってはいけないことなのです。

では、どうすればいいのか。

意思決定ができない、そして斬新なアイデアが生み出せないという2つの悩ましい問題を一気に解決できるのが、実は本書でご紹介する「無意識思考」です。

有名科学誌『サイエンス』に掲載された〝無意識思考〟研究

たとえば、進学先や就職先を検討するとき、住む家を探しているとき、転職を考えているとき、恋人との結婚を考えはじめたときなど、人生のターニングポイントとなるような選択を迫られたとき、みなさんは、じっくりゆっくり考えて結論を下そうとするでしょう。

迷って誰かに相談してみたら、

「慌てず、じっくり考えてみたらいいよ」

とアドバイスをもらった方も少なくないかもしれません。

確かに、いきあたりばったりででたらめに選択するよりは、じっくり考えたほうが、良い決断ができそうな気がします。「じっくり考えた末の結論なのだから、間違いないに違いない」と思いたい心理的な側面も大きいかもしれません。

こうした背景から、複雑な選択に対しては「じっくり熟考する」というアプローチが最も有効であると考えられてきたわけです。

しかし、よくよく考えてみれば、「じっくり熟考」したからといって、必ずしも良い結果がもたらされるわけではありません。失敗することだってあります。

人間心理には、選択が間違っていたにもかかわらず、「一生懸命に考えたのだから、良い選択だったのだ」と、自分を納得させようとするメカニズムがあることもわかっています。

実のところ、複雑な選択において「じっくり熟考する」のは、かえってよくないことが有名科学雑誌『サイエンス』に掲載された無意識思考研究によって明らかにされました[22)]。

オランダの社会心理学者ディクステルホイスらは、無意識思考に関する研究を行うにあたって次のような仮説を立てました。

①じっくり考える意識的思考は、単純な課題では良い意思決定を行うことができる。
②しかし、複雑な課題では、処理容量が限界を超えてしまうため、良い意思決定はできない。
無意識思考は、容量の制約がないため複雑な課題では良い意思決定ができる。

この仮説を検証するために、次のような実験が行われました（【図版6】）。

被験者に4台の車を提示し、その中から最も良いと思った車を選んでもらうという実験です。4台の車のうち、1台は最も良い車（燃費が良い、など良い属性を多く持つ）、1台は最も悪い車（燃費が悪い、など悪い属性を多く持つ）、残り2台はそのどちらでもない中間の車でした。

被験者に対して、まずは4台の車（アイテム）に関する情報が提示され、この情報については、単純条件と複雑条件の2つが用意されました。

単純条件では、「操作性」「燃費」「トランクの大きさ」「色の選択肢」など4つの属性のみ伝えられました。

一方、複雑条件では、先の属性も含めて12の属性が、1つずつランダムに提示されました。

さらに、それぞれの条件について、被験者たちは2つの思考モードに分けられました。

1つのグループは、意識思考条件が課されました。つまり、車の特徴が提示されたあと、4分間じっくり考える時間が与えられ、そのあと、最も良いと思う車を選びます。

もう1つのグループは、無意識思考条件が課されました。車の特徴が提示されたあと4分間、車の選択とはまったく関係のないアナグラム（文字を並び替えることによって、まったく別の意味にすること。たとえば、tasteという英単語のアルファベットを並べかえてstateを作る、日本語であれば「みかん」の文字を並べ替えて「みんか」という単語を作るなど）を解くよう指示され、その後、最も良いと思う車を選びました。

被験者はアナグラムを解いている間、意識的に車について考えることができません。

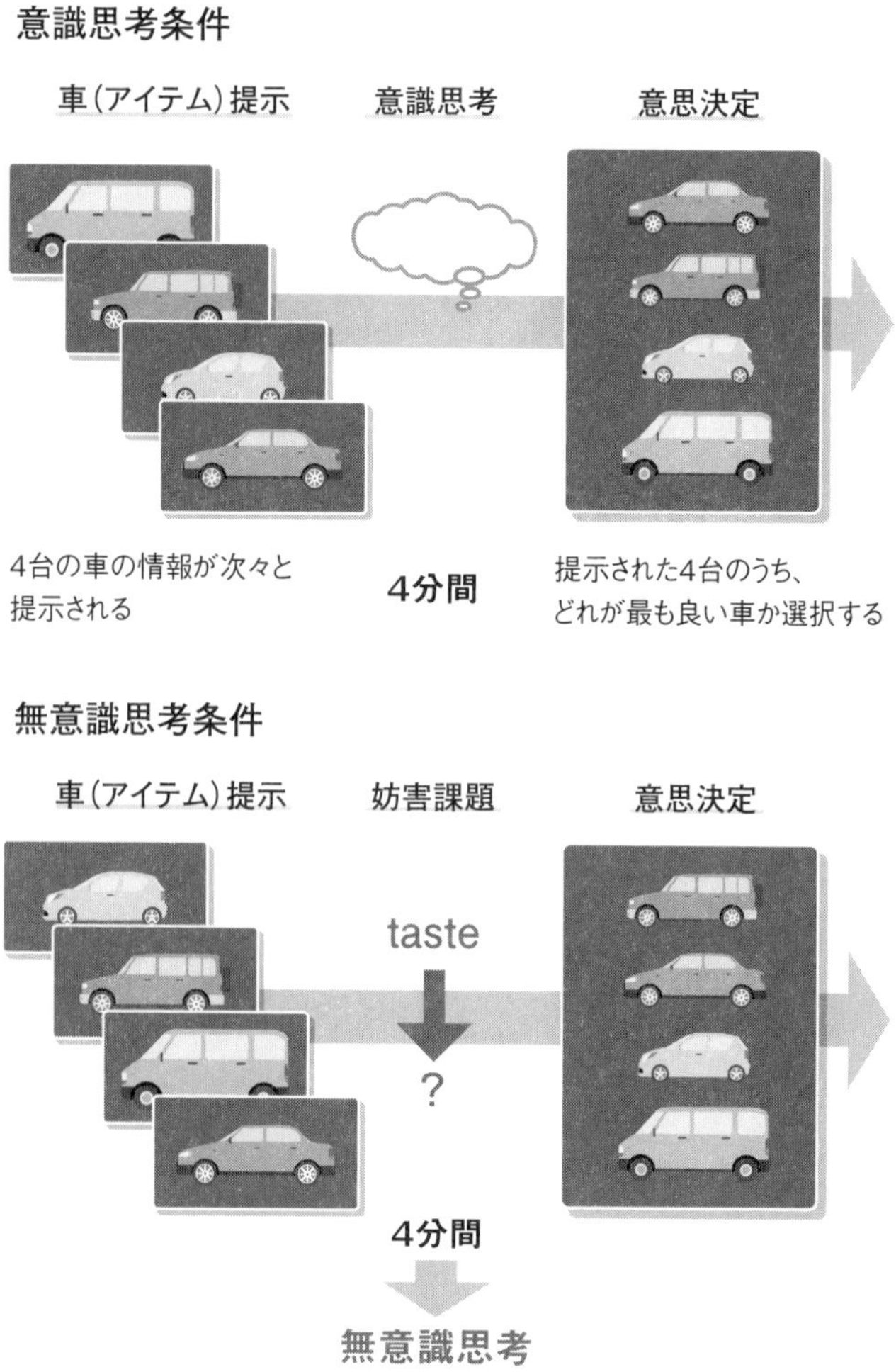
意識思考条件
車(アイテム)提示
意識思考
意思決定
4台の車の情報が次々と
提示される
4分間
提示された4台のうち、
どれが最も良い車か選択する
無意識思考条件
車(アイテム)提示
妨害課題
意思決定
taste
?
4分間
無意識思考

【図版6】 無意識思考の実験

◎提示された車（アイテム）の例

単純条件（4属性）

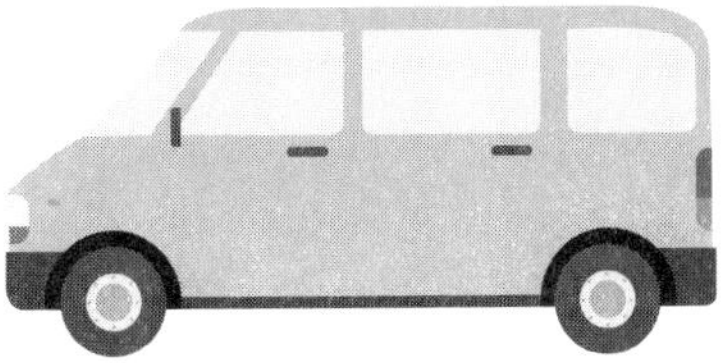

操作性が悪い
燃費が大きい
トランクが大きい
色の選択肢が少ない

複雑条件（12属性）

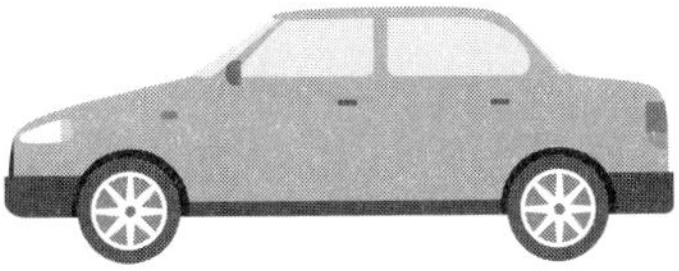

操作性が良い
環境に良い
音響システムが良い
修理サービスが悪い
カップホルダー無し
足元の空間が広い
燃費が悪い
サンルーフ有り
ギアチェンジが難しい
トランクが小さい
中古車
色の選択肢が多い

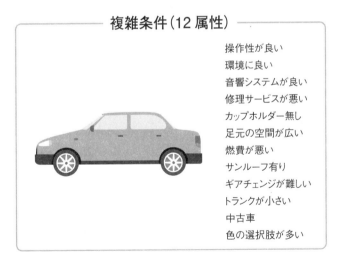

このように無意識思考条件で課される課題のことを〝妨害課題〟と呼びます。妨害課題を課している間、被験者の意識は妨害課題、つまりアナグラム課題を解くことに向けられますが、水面下では無意識思考が生じていると仮定するわけです。

こうして行われた実験の結果は驚くべきものでした。単純な課題においては、考えてすぐに答えを出した方が良い選択ができた一方で、12もの属性が提示された複雑な課題の方では、無意識思考によって答えを出した方が、より良い選択ができたのです（【図版7】）。

こうして、ディクステルホイスらの仮説は正しいことがわかりました。意思決定を行おうとするとき、検討材料や情報が多すぎたり、複雑な課題であったりするときは、一旦、本題とは関係ないことをやってみて、それから決めたほうが良い結果が得られる――つまり、無意識思考の方が向いているということを、実験結果が示したのです。

【図版7】実験結果　最もいい車を選んだ人の割合

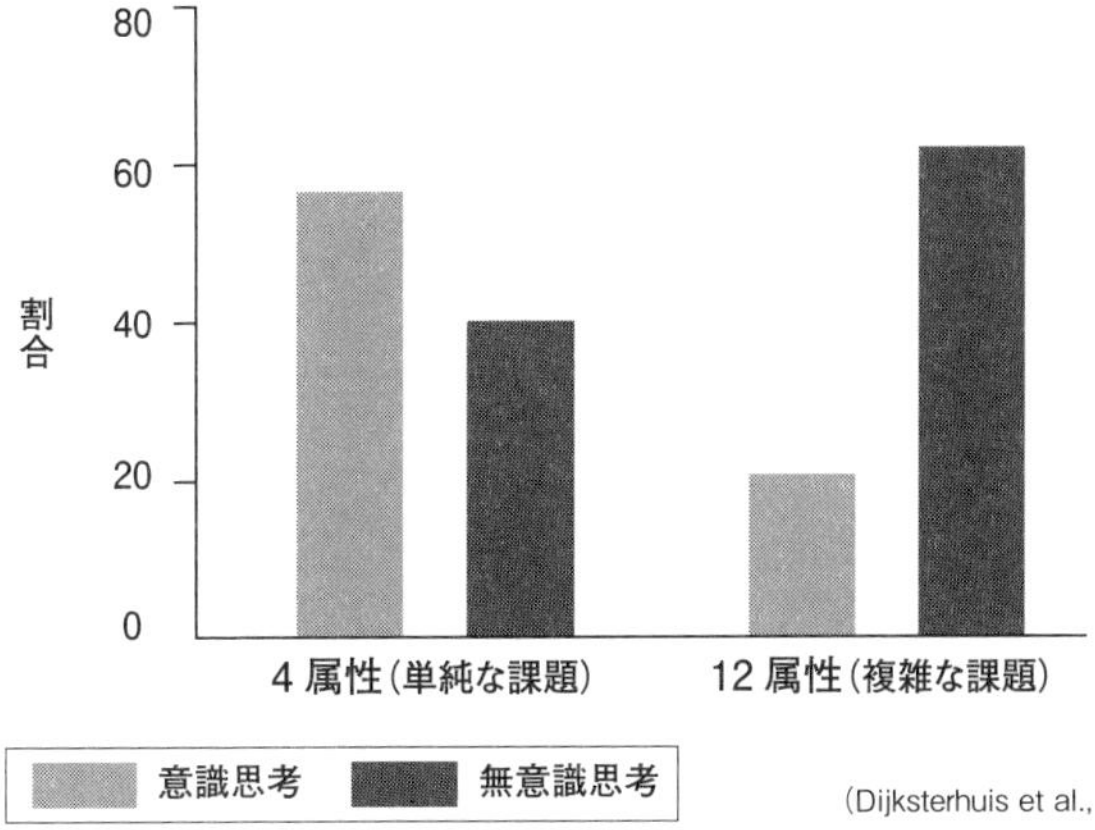

（Dijksterhuis et al., 2006 より）

この研究には続きがあります。

同じような条件で、より実生活に即した実験が行われたのです。

まず研究者たちは、選ぶときに検討する条件の少ない単純な商品を扱う店と、逆に検討する条件の多い複雑な商品を扱う店を選びました。

単純な商品とは、たとえば傘。サイズも形もほぼ同じで、検討材料はデザインと価格くらいです。

一方、複雑な商品とは、ブランドやデザイン、機能、価格など多くの検討材料がある商品で、家電製品はもちろん、ソファや家具なども該当します。

単純な商品を扱う店として選ばれたのは、オランダの高級デパートであるバイエンコルフ、複雑な商品を扱う店としては、日本でもおなじみのイケアが選ばれました。

そして、それぞれの店から出てくるお客さんに、次のような質問をしたのです。

「何を買いましたか？」
「いくらしましたか？」
「買い物に行く前に、その商品についてどの程度知っていましたか？」
「初めてその商品を見てから、買うまでにどの程度考えましたか？」

一般に複雑な商品ほど金額が高くなります。

実際、この実験でも、バイエンコルフで買った商品の平均価格は日本円で約１００００円であったのに対して、イケアの商品の平均価格は約４５０００円でした。

ここで、衝動買いしたお客さんなど、初めて見た商品を買ったお客さんを除外したうえで、初めて商品を見てから時間をかけて考えたお客さんを「意識思考者」、意識的に商品について考える時間を持たなかったお客さんを「無意識思考者」に分類し、実験対象者としました。

（厳密には、お客さんに聞いただけで、無意識思考を行っているかどうか断言はできません。先ほど、無意識思考とは、「課題に対して意識的な注意が向けられていないときの思考」と説明しましたが、この実験の場合、検討中の商品に注意が向けられているか否かで分類しています。

つまり、商品に注意を向け時間をかけて考えたお客さんを意識思考者としています。商品に注意を向けて意識的に考えれば考えるほど、注意を向けずに無意識的に考える時間が少なくなるからです。）

それから数週間後、それらのお客さんたちに電話をかけて、あらためて「購入した商品について、どの程度満足していますか？」と、質問をし、その満足度を10点満点で評価してもらいました。

その結果、バイエンコルフの商品に関しては、意識思考者の方が、無意識思考者より満足度が高くなったのです。

【図版8】単純な商品と複雑な商品の満足度

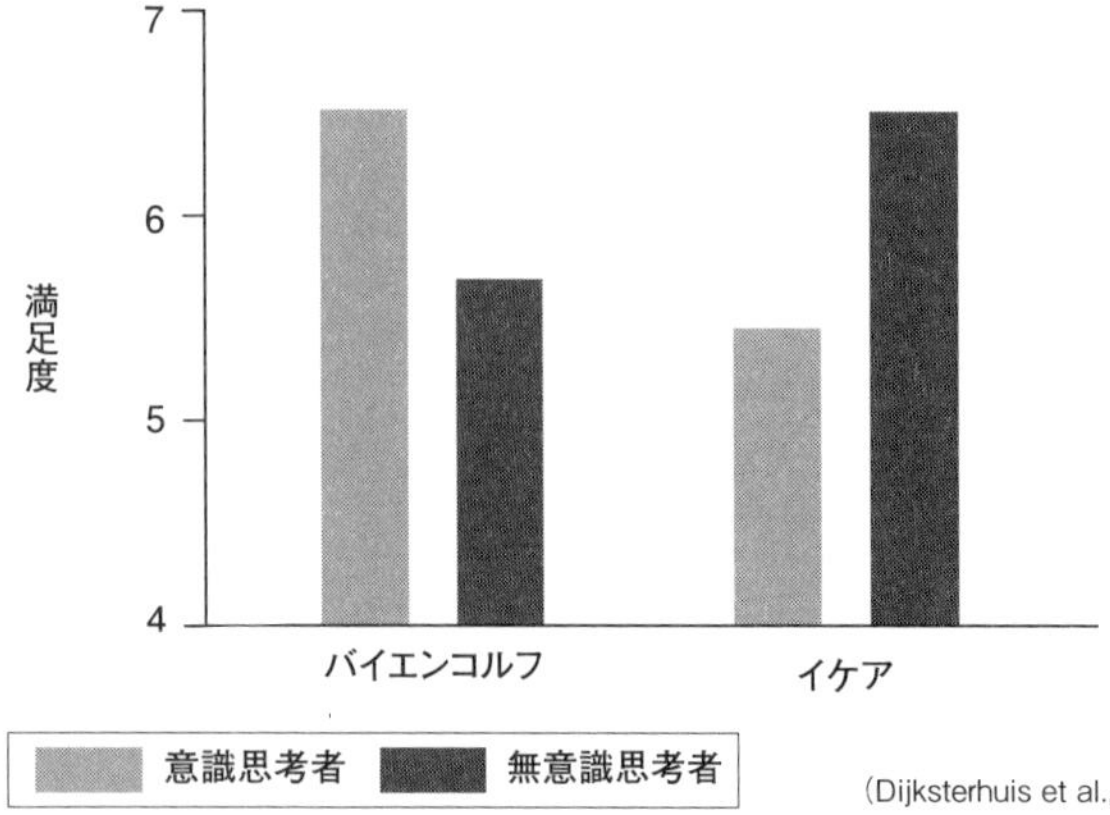

(Dijksterhuis et al., 2006 より)

一方、イケアの商品に関しては、よく考えなかったお客さんの方（無意識思考者）が、そうではないお客さん（意識思考者）より満足度が高くなる結果となりました（【図版8】参照）。

つまり、検討する条件の少ない単純な商品は、じっくり考えた方が満足できる買い物ができますが、家具などの複雑な商品については、「無意識思考」を使って判断した方が、満足できる結果が得られるとわかったのです。

私たちの生活は「無意識」によって支えられている

さて、ここまで何度も「無意識」という単語を使ってきましたが、そもそも「無意識」とは何でしょうか。

本気で解説しようとすると、それだけで1冊本が書けてしまうので、ここでは簡単にご説明しましょう。

無意識とは簡単にいうと「気が付いていない」という意味です。

つまり、「無意識に思考する」というとき、その思考に自分では気が付いていないことになります。

ですから、「無意識思考」について説明しようとするとき、多くの方は違和感を覚えるようです。なぜなら、通常、私たちが「思考」と呼ぶものは、「意識的に（努力を伴って）考える」という認識を伴うからです。

メールをどう書くか考える。料理を作る手順を考える。

大半の「考える」という作業は、自ら、意識的に行われます。

気が付かないうちにメールの文面ができていた。気が付かないうちに料理の手順が整っていた。

——そんなことは、ありえません！

ですから、「無意識」と「思考」がドッキングすることが不可解なわけです。

しかし、実はほんのちょっと見方を変えてみると、私たちが日常的に「無意識に思考する力」を活用していることに気づけます。

たとえば、人と会話しているとき。

「こういう場合の接続詞は、『が』ではなく『を』だな」

「本数を数えるとき、1なら『ぽん』だが、2なら『ほん』となる」

なんて考えたりはしないはずです。いちいち文法など意識しなくても、自然と言葉が出てきます。話の内容についても然りです。

「まずは無難に天気の話を終えたから、さっそくランチのお誘いをしよう。店の候補はあそこと、あそこで、もしカレーが食べたいといわれたら……」

などと、考えながら話をしていたら相当疲れますし、会話はもたつくでしょう。スムーズに話が弾むことなど到底不可能です。

もちろん、外国語であればある程度は意識して言葉を引き出したり、文法について頭をめぐらせたりする必要が出てくるでしょうが、母国語を話す場合には、文法や構文といったものを意識する必要はなく、すべて無意識のうちに、完璧にこなしてしまえるのです。

他にも、発音やイントネーション、表情などありとあらゆることが「無意識」によってコントロールされることで、私たちは自由に伝えたい内容を表現することができるのです。

無意識によってコントロールされているものは、言葉に限らずたくさんあります。

たとえば、手を動かして物を取るとき、歩行するとき、その筋肉の動きを詳しく説明することは難しいはずです。

でも、手足を動かすことはできます。

同じように、車の運転をするときも、「このカーブは、ハンドルを何度きれば曲がれるか」などと考えなくても、ほどよくカーブを曲がることができます。

こうして考えてみると、話したり、動いたりする日常の行為のほとんどは、無意識に行われていると気づきませんか？

朝起きて、顔を洗い、歯を磨いて、着替えるといった毎日のルーティンを、ふと気づいたらいつの間にかこなしてしまっていること、ままありますよね。最中の記憶はあまりないけれど、ちゃんとやり終えている……。

それもまた「無意識」のおかげなのです。

人間の脳は、できるだけ楽をしようとします。

無駄にエネルギーを消費しないようにできているわけです。

はじめは意識的に努力して行っていたことが、あるときから無意識下でできるようになるのも、そのためです。

自転車が乗れるようになった日のことを覚えていますか？

大半の方は、まずは補助輪を付けた状態で練習をはじめ、上手に漕げるようになったらそれを外し、転んだり、ふらついたりを何度も繰り返して、時間をかけてバランスの取り方を覚え、ようやく乗れるようになったことでしょう。

これら一連の過程は、間違いなく意識的に行われたはずです。

ところが、一度乗れるようになると、それからは無意識的に自転車を乗りこなせるようになります。

足の動かし方や、バランスの取り方など意識しなくても、あたりまえのように乗れるのは、やはり無意識によってコントロールされているからなのです。

このように私たちの生活は、無意識によって支えられています。

むしろ、無意識に依存しているといっても過言ではありません。

長年にわたって無意識研究を行ってきた、イェール大学の社会心理学者ジョン・バージによると、日常生活における身体や脳の活動において、無意識に行われているのは実に99％以上にのぼるといいます[23]。

逆にいうと、意識的に行っていることなど1％以下とごくわずかです。

確かに、多くのことを意識的に行っていたら、疲れて数分ももたないかもしれません。

日常生活の多くのことを無意識が処理してくれているという事実は、無意識の情報処理の容量が桁違いに大きいことを物語っています。

今あなたは、この本を、考えながら読んでいるはずです。

そして、一日本の内容を考えるのを止めない限り、本の内容以外のことは考えられないと思っているかもしれません。

しかし、本書を読んでいるまさにこの瞬間にも、自分では気が付いていないだけで、何らかの別の思考が行われているのです。

私は、この「無意識思考」こそ、これからの時代を生き抜くために必要不可欠な思考であると考え、「第三の思考」と名付けました。

学問においては、無意識思考は近年、「システム3」として提唱されています[24]。

世界は今、人工知能（ＡＩ）の急速な進展により、大きく変わろうとしているのは先にも述べたとおりです。

特に仕事における影響は多大なものになるでしょう。

これまでも単純労働がコンピューターに置き換わってきた歴史はありますが、その流れはさらに加速するはずです。さらに、事務職など多くの職業が、この世から消えるだろうと予測されています。

今後、私たち人間に求められるのは、創造性に関わる仕事や、ＡＩでは判断しきれない複雑で難しい判断を意思決定することです。それができる人が重宝される世の中になっていきます。

そして、それを可能にするのが「無意識思考」であり、現代社会において必要不可欠、かつ最強の思考ツールなのです。

コラム①

脳も〝健康〟であるための食事とは

思考はあくまで、脳で行われるもの。

つまり、無意識思考をうまく活用するには、脳の状態が良好であることが必要不可欠です。

そもそも、人間の活動のすべてを担うのが脳ですから、脳機能が良好であるほど、思考、判断、運動など幅広い点でいいことずくめです。

では、脳を健康に保つためにはどうすればいいのでしょう？

人間は、食べたものでできています。もちろん、脳も私たちが食べたものでできています。「思考」をテーマとする本において、この点にまで踏み込んでいる本はあまりないでしょう。

私はどちらかというと、食に無頓着な人間でした。

インスタント食品を食べ、甘いものを好み、深夜に脂っこいものを食べることもよくありました。昼食後は強烈な眠気に襲われ、いつも体調が悪く、年中風邪をひき、頻繁に病院に行っていました。

しかし、食を見直した今、病院へ行くことはほとんどなくなり、ここ数年は、薬を飲む機会もないほど健康です。食後に強烈な眠気に襲われることもなくなり、常に思考はクリアな状態を保っています。

脳も、目も、皮膚も、身体は食べたものでできています。

ジャンクなものを食べればジャンクな身体を生み、それはジャンクな思考を生むのです。

身体に何を取り入れるか。

それを意識するだけで、体と思考の健康状態は大きく変わります。

もっとも私は、脳だけに特化して良い食品があるとは考えていません。

そうではなく、「脳に良い食べ物＝身体に良い食べ物」と考えています。

それでも、あえて「脳に良い食べ物」をあげるとしたら、注目したいのは「油」です。そこで、次のコラム（p１０５）では、脳に良い油のとり方について、解説してみたいと思います。

【第3章】

世界最先端の研究でここまでわかった！

――「無意識思考」で一体何ができるのか

「肝心なときにうまくいく」とっておきの方法
——無意識思考についての〝研究結果〟とは？

これまでは、人間の思考のやり方として、
「速い思考（システム1）」の直観性
「遅い思考（システム2）」の論理・合理性
の2つのみとされてきました。
本書はそこに第三の思考として、
「無意識思考（システム3）」

を新たに加えることを提唱しています。

私たちの選択は、3つの思考の働きによってなされているのが実態です。難しい選択を迫られたとき、直観を使って素早く結論を出すか、じっくり考えて答えを導くかの2択しかないと思われてきたからこそ、これまで「肝心なときにうまくいかない」という事態が生まれていたのです。

しかし、本当に無意識思考はあるのだろうか？

本当に、無意識思考によって「肝心なときにもうまくいく」という状況を作りだすことができるのだろうか？

読者のみなさんは、まだ半信半疑かもしれません。

そこで、この章では、私を含めた、たくさんの学者たちが無意識思考について行った研究結果をもとに、無意識思考がいかに私たちの生活に、人生に、良い結果をもたらしてくれるのかについて、その一端をご説明していきたいと思います。

研究結果①

「友人」「結婚相手」「採用」……どんな人を選べばいい？ ──「人の本質」を明らかにする

私たちは、人生の重要な局面で「人を選択する」という行為を行っています。友人や結婚相手を選ぶのは、その一例です。

どんな人と関わりを持つか。それが人生を左右することもあります。さらに、企業にとって、採用活動は業績を左右しかねない最重要案件といえます。

しかし、人物の選択ほど難しいものはありません。

人間には無数の特徴があるからです。また、特定の要素に引っ張られてしまった結果、良い判断ができないこともあります。学歴を過大評価してしまったがために、まったくコミュニケーション能力のない人物を採用してしまった、というケースはよく聞く話です。

実は、「無意識思考」はこのような「人物の選択」においても、優れた結果を出せることが、海外で行われた実験によって明らかにされました[25)]。

ご存じかもしれませんが、海外の大学では、遠方からくる学生たちは大学の敷地内にある寮に住むのが一般的です。

たいていは2、3人で一部屋をシェアすることになるため、ルームメイトがどんな人であるかは、その後の学生生活の良し悪しを決めることにもなりかねません。

この実験では、大学生に被験者となってもらい、架空の男性ルームメイト候補者9名に関する情報から、どの人物をルームメイトとして選ぶかを決めてもらいました。

それぞれの人物のプロフィールが150文字前後で紹介されており、その中に12の性格の特徴も書かれています。

内訳は、非常に魅力的かつコミュニケーション能力が高いなどポジティブな要素を多く持っている人物、そこそこ魅力的な人物、不潔であるなどネガティブ要素が多く魅力的ではない人物が3名ずつです。

それぞれのプロフィールはランダムに提示されます。被験者たちは彼ら9名のプロフィールを読んだ後、次の3つの思考条件にランダムにあてはめられました。

①直観条件（システム1）

この条件では、考える時間が与えられません。

被験者はルームメイトの情報を読んだら、すぐに自分の評価を提示します。直観的に決めるので、「速い思考（システム1）」を使って判断するのに相当します。

②意識思考条件（システム2）

この条件では、3分間の思考時間を与えられます。

ルームメイトに関する情報を読んだあと、じっくり考えることができます。思考時間が与えられているので「遅い思考（システム2）」を使って判断するのに相当します。

③無意識思考条件（システム3）

この条件では、ルームメイトに関する情報が提示されたあと、3分間アナグラム問題を解くように指示され、その後評価を行います。

アナグラム問題を解いている間は、個々のルームメイトの評価を考えることはでき

【図版９】正確にルームメイトを評価できた人の割合

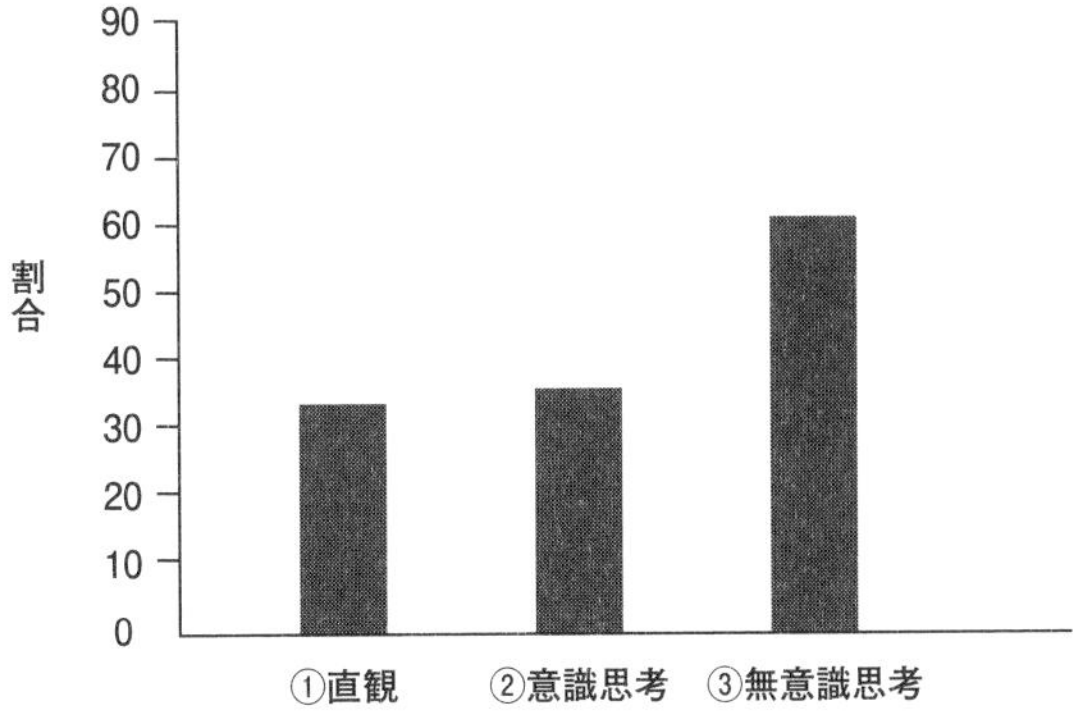

（Strick et al., 2010 より）

ません。要するに、無意識思考（システム３）が行われるということです。

こうして、①、②、③の各グループの被験者たちが、どれくらい正確にルームメイトを評価できたのかを調べた結果、①と②ではほぼ同程度の35％前後、一方、③では約60％の人が正しく評価し、優れた意思決定を行ったのです（【図版９】）。

この実験は、無意識思考によって正しい判断ができるということだけでなく、人を判断するときには、直観的な感覚を信じようが、じっくり考えてから判断しようが、その正確性という点ではほとんど変わらないことも示唆しました。

研究結果②

私はダマされない！

――「嘘」を見抜く

嘘というのは、とても身近にあるものです。

誰だって、小さな嘘の1つや2つ、つくものでしょう。詐欺事件などがなくならないのは、嘘をつく人も、嘘を見抜けない人も、いなくならないからです。

ただ、「これは嘘だな」とわかることもあります。

直観的に「どうも怪しいぞ……」と感じるときもあれば、表情や視線の動きなど相手の挙動不審な態度をじっくり観察することで、「この人は嘘をついているのではないか」と、疑わしく思うこともあるでしょう。

では、「無意識思考」は、嘘を見抜くのに一役買ってくれるのでしょうか？

実はこれを明らかにするために、行われた実験がありました[26]。

スーツを着用した大学生が、自分が参加したインターンシップに関して語る動画を、被験者たちに8パターン見てもらいました。

それぞれの動画では、「インターンシップの内容」と「インターンシップの好きな点、嫌いな点」について語られるのですが、実は、本当に参加したインターンシップについてありのままに真実を語っている人と、あたかも参加したことがあるかのように作り話をしている人がいたのです。

真実を語っている動画も、嘘を語っている動画も、同じ時間になるように調整されています。さらに、8種類の動画のうち真実の動画と嘘の動画がどれくらいの割合で混ざっているか、被験者には知らされませんでした。

被験者たちは、3つの思考条件に分けられました。

①直観条件（システム1）

動画の視聴前に、嘘を語っている人がいることを説明してから、視聴後すぐに虚偽判断をしてもらう。

【図版10】虚偽判断の正確性

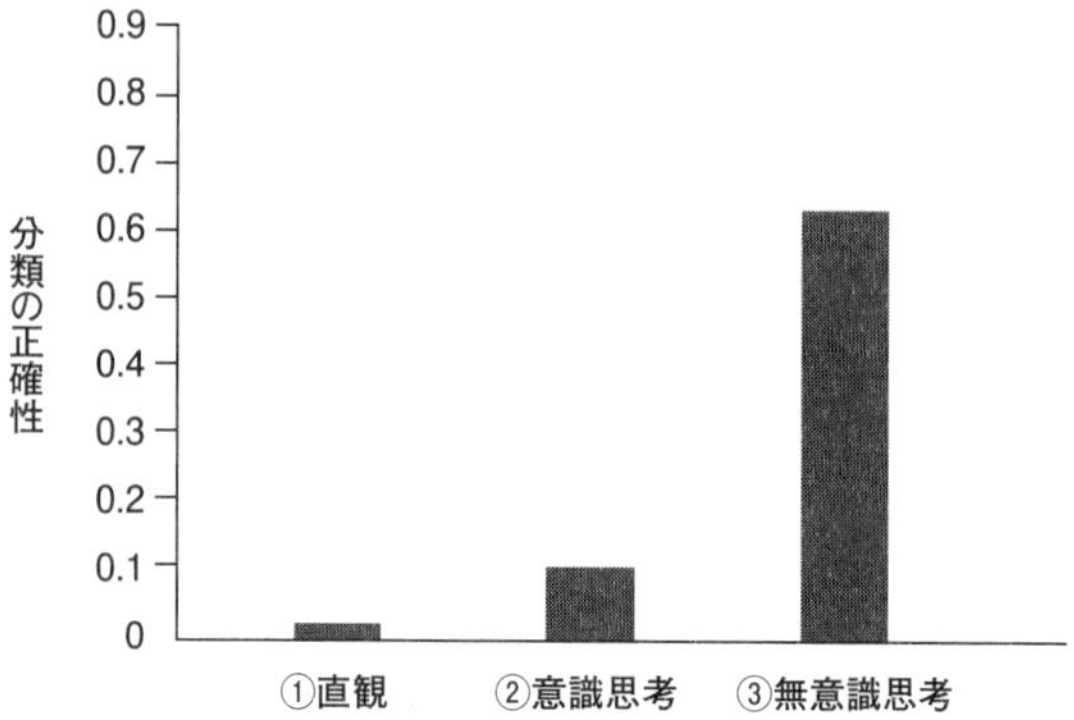

(Reinhard et al., 2013 より)

②意識思考条件（システム2）

動画の視聴後に、嘘を語っている人がいることを説明し、3分間じっくり考えたあとに虚偽判断をしてもらう。

③無意識思考条件（システム3）

動画の視聴後に、嘘を語っている人がいることを説明し、別の関係のない課題を3分間やってもらってから、虚偽判断をしてもらう。

虚偽判断の正確性を調べた結果、無意識思考条件が他の2条件と比較して、飛び抜けた正確さを示したのです（【図版

10】）。

しかしこの実験では、直観条件において、嘘つきがいることを先に説明してから虚偽判断を行わせていたため、動画を見ている間に「嘘をついているのではないか」と疑いの目で見て、虚偽の証拠集めをしていた可能性があります。

そこで、嘘つきの存在を動画の視聴後に明かしてから、すぐに虚偽判断してもらう直観条件に変えて追加の実験を行ったところ、それでも③無意識思考条件での判断が、どの思考条件よりも正確だったのです。

要するに、嘘か真かの判断は、あわてて結論を出すよりも、一端脇に置いて、忘れてしまった頃に、あらためて考えてみたほうが、良い判断ができるということです。

研究結果③

後悔は一切なし！

――大満足のお買い物ができる

みなさんは、お買い物をするとき、品数の豊富なお店を選びますか？　それとも、商品が厳選された品数の少ないお店に行きたいでしょうか？

品揃えの多さは、お店としても、お客さんにとっても、利点が多いと考えられています。お客さんは商品の選択肢が多ければ、自分の希望にぴったりの商品を見つけやすくなるでしょうし、何よりたくさんの種類の中から選ぶという行為そのものを楽しめます。

しかし一方で、品揃えの多いお店でお買い物をすることが、必ずしも満足のいく結果につながるとは限らないようです。ある研究によると、少ない選択肢の中から商品を選んだほうが、かえって満足度は高くなるという結果が出ています[27]。

なぜ、選択肢が多いと満足度が低くなるのでしょうか。

それは〝情報過多〟という現象が起きるからです。

人が意識的に考えられることには、限界があります。情報が多すぎるとかえってストレスになり、頭がパンクして、良い判断ができなくなるのです。

たくさんの商品の中から迷いに迷ったあげく１つを選び、買って帰ったものの、あとから振り返ると別の商品の方がよかったかも……。

こういう後悔は、誰にでも経験があるはずです。

できることなら、品揃えの豊富なお店であれやこれやの商品を見て、存分に楽しんだ上で、ぴったりのものを選び、家に帰ってからも大満足できるようなお買い物がしたいですよね。

これもまた、「無意識思考」を上手に活用することで、解決できてしまうのです。

被験者に複数あるチョコレートの中から１つを選んでもらう、という実験が行われました[28]。被験者のうち半分は６種類のチョコレートから、もう半分は24種類のチョコレートから選びます。

【図版11】種類ごとの商品の満足度

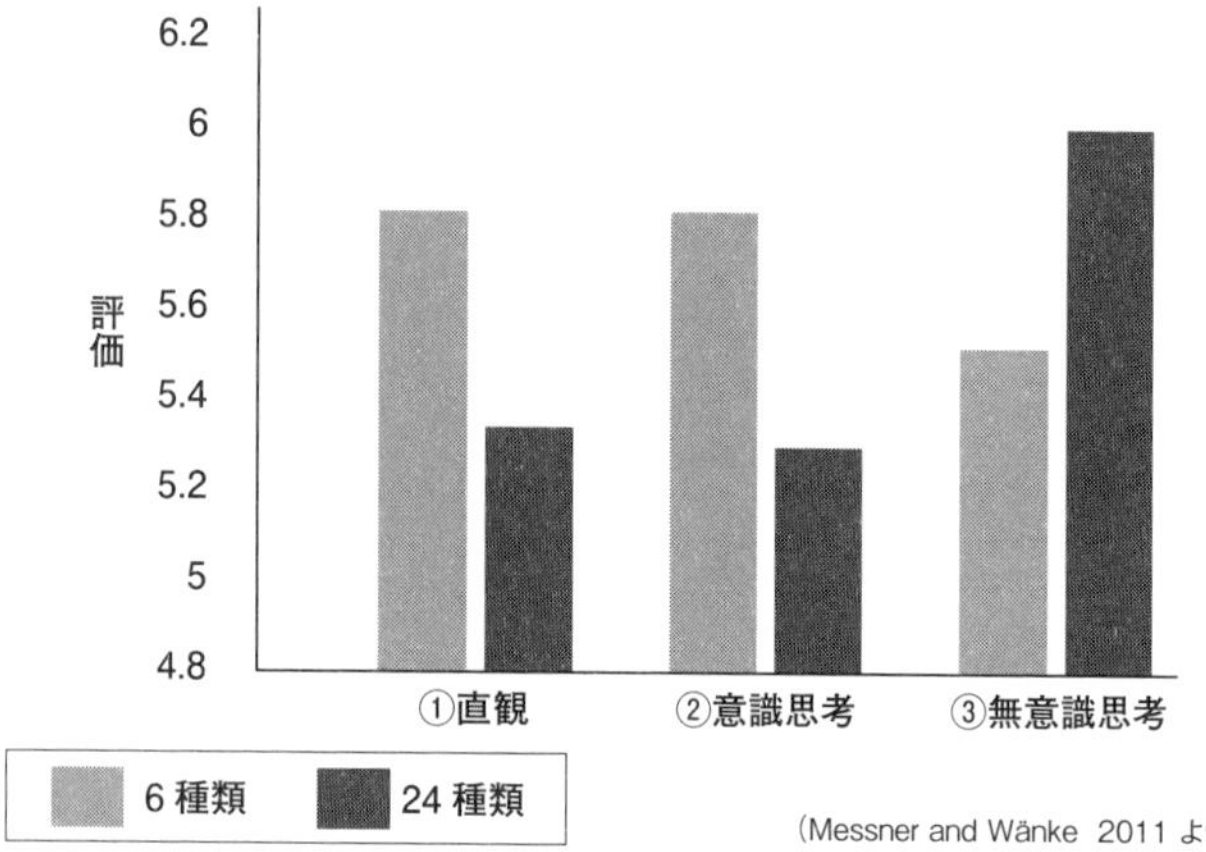

（Messner and Wänke 2011 より）

6種類から選ぶ人たちも、24種類から選ぶ人たちも、それぞれ①直観条件（システム1）、②意識思考条件（システム2）、③無意識思考条件（システム3）の3つの思考条件にランダムに割り当てられました。

それぞれの条件でチョコレートを選んだのち、被験者たちには7点満点で選んだチョコレートの満足度を評価してもらいました。

その結果、6種類という少ない選択肢の中からチョコレートを選んだ人は、①の場合も、②の場合も、同じくらいの満足度であり、かつ③よりも高い満足度を示しました（【図版11】）。

一方、24種類という多くの選択肢の中から選んだ人は、③の無意識思考条件（システム３）で選んだ人たちの満足度が他より高く、また選択肢が少ない場合をひっくるめても、最も高い満足度を示したのです。

つまり、無意識思考を活用することで、品揃えの多いお店でのお買い物に失敗することがなくなるばかりか、品揃えの厳選されたお店でお買い物するよりも満足できるようになるわけです。

また、仮に品揃えのよいお店が見つからなかったときには、直観的に、もしくはじっくり考えてから選ぶことで、良い選択ができます。

お店のスタイルに合わせて思考を使い分けることで、いつでも自分の満足度を高められるというわけなのです。

研究結果④

ビジネスにおいても役に立つ！
――クライアントの難しい要望にもきっちり応えられる

ビジネスにおける無意識思考の活用の仕方についても、触れておきましょう。

複雑な条件での意思決定はもちろん、人事の面でも無意識思考が良い選択を導き出すことは先にも述べたとおり。

その他にも、クライアントからの要望に見合った提案をしなければならない場合なども、無意識思考は役に立ちます。

たとえば、引っ越しを検討するために不動産屋にいらっしゃったお客さんに、物件をご提案する場合。

お客さんの希望する家賃や立地、間取りなど、さまざまな条件を伺ったうえで、要望に沿うような物件を探さなければなりません。不動産屋としての腕の見せ所であり、いかに要望に応えられるかで、クライアントの満足度にも影響します。

クライアントの要望に沿えるかどうかという状況は、その他にも車のディーラーであったり、転職を斡旋する業種であったり、さまざまなビジネスにおいて見られるものでしょう。そして、これらの状況をうまく乗り切るために活躍するのも、無意識思考なのです。

これを明らかにした実験があります[29]。

被験者には、不動産代理店の担当者になったつもりで、架空の４つのアパートについての情報を読んでもらいます。

その後、クライアントの要望を提示し、どのアパートをクライアントにすすめるべきか選択してもらいました。

４つのアパートについてはそれぞれ、24の特徴を用意しました。そのうち15項目はポジティブな要素（静かな場所にある、など）、残りの９項目はネガティブな要素（騒がしい場所にある、など）です。

クライアントの要望は12項目（静かな場所にある・駐車場完備など）あり、すべての要素を満たしているのは、４つのアパートのうち１つしかありません。

被験者は、例のごとく①直観条件（システム1）、②意識思考条件（システム2）、③無意識思考条件（システム3）の3条件に、ランダムに割り当てられたうえで、それぞれが最も要望に合うと思うアパートを選択しました。

その結果、最もクライアントの要求を満たせるアパートを選べた割合が多かったのは、③の無意識思考条件（システム3）に割り当てられたグループだったのです。

クライアントの複雑な要望にもぴったり添えるような提案をするためには、直観で決めたり、じっくり時間をかけて考えたりするよりも、無意識思考をうまく利用したほうが、より良い選択ができるようです。

これらのほかにも、病気の診断にも無意識思考はよい判断をもたらしてくれることが科学的に検証されています[30]。

ここまで無意識思考の心理学研究についてご紹介しました。

無意識だけれど、脳の中では〝積極的〟に考えている

無意識思考は「思考」ですから、「速い思考」「遅い思考」と同様、脳が行っているものです。「速い思考」「遅い思考」が行われているときの、脳の領域については先にも説明したとおりですが（p32）、では「無意識思考」の場合、脳内は一体、どうなっているのでしょうか？

本当に「無意識思考」というものがあるとするなら、脳内現象として現れるはずです。物的証拠（脳内現象）があれば、「確かに、無意識思考は存在する」といえるのではないでしょうか。

さらに、それらを司っている脳領域が判明すれば、無意識思考のメカニズムを解明することも可能になります。

そこで私は、「無意識思考中の脳内メカニズムの解明」という難題に挑戦しました。研究を進めるにつれて、世界にたった1つ、無意識思考と脳科学に関する研究論文があることがわかりました。

それは、カーネギーメロン大学の認知科学者クレスウェル准教授らが行った研究です[31)]。

彼らは、無意識思考を使って車などの消費財（アイテム）の評価をしているとき、脳はどうなっているのか、最新の脳計測装置であるｆＭＲＩ（機能的核磁気共鳴画像法）を使って調べていました。

クレスウェル准教授らは、実験をするにあたって以下のような仮説を立てました。無意識思考の認知メカニズムは、神経再活性化仮説（Neural reactivation hypothesis）によって説明できるのではないかというものです（【図版12】）。

これまでみてきたように、無意識思考実験の無意識思考条件では、情報の提示→妨害課題（無意識思考）→意思決定、という流れになります。

【図版12】神経再活性化仮説（イメージ）

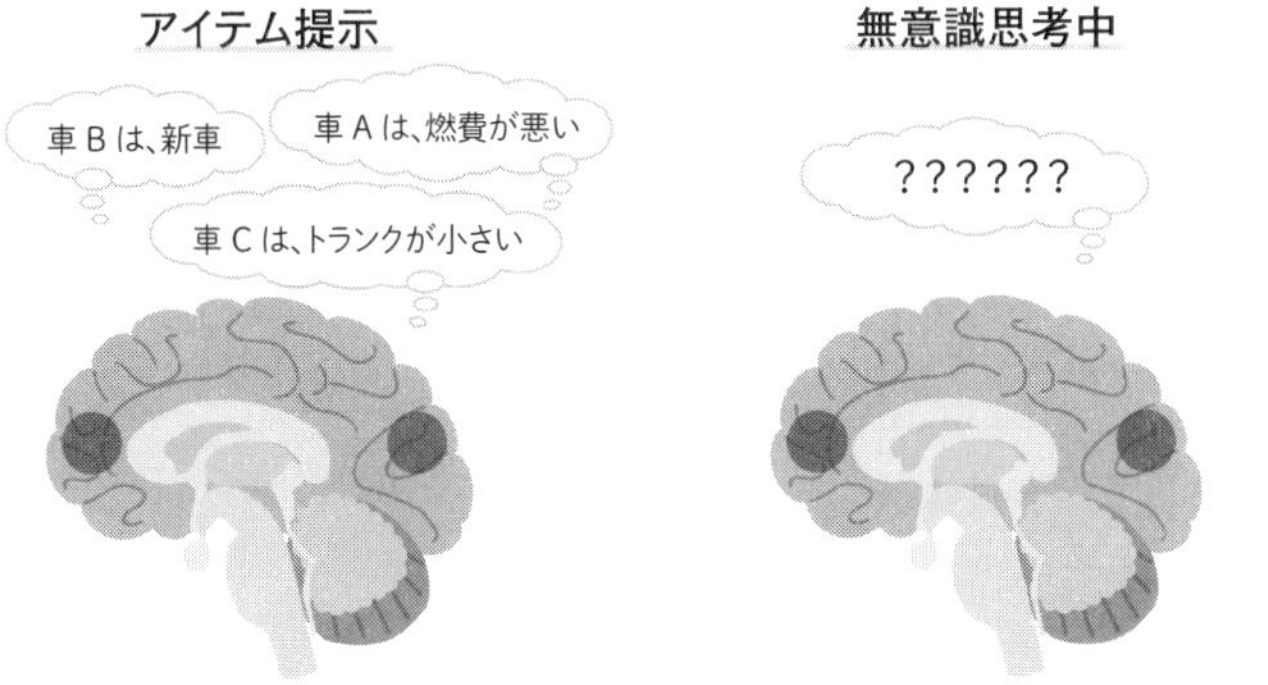

アイテム提示時に起きる情報処理プロセスが、無意識思考時にも発生する（再活性化）。つまり、アイテム提示時と無意識思考時に共通する脳活動が、存在するであろうという仮説。

この仮説は、情報の提示がされた段階で脳は与えられた情報を処理していきますが、その情報処理が妨害課題中（つまり無意識思考中）も継続しているはずだと考えるものです。

この脳の再活性化というプロセスは、睡眠時など意識的注意が向けられていなくても起こりうることは、これまでの脳科学研究でわかっています。

よく寝ることで記憶が定着するとか、学習効率が上がるなどといわれますが、それと同じようなことが、無意識思考中にも起きているのではないかと考えたわけです。

実験の結果、アイテムを提示しているときと無意識思考中に、共通して活動している脳領域があることがわかりました（【図版13】）。

それは、「背外側前頭前野」と「視覚野」です。

背外側前頭前野は、計算や思考するときに活動する領域で、思考を担う脳の最高中枢です。一方、視覚野は文字通り、視覚情報を処理する領域です。

さらに、この研究では、無意識思考は意識思考時と異なる脳領域が関与していることも明らかにされました。

ただ私は、大変興味深いとは思いましたが、この研究で彼らが提唱する「神経再活性化仮説」について疑問を持ちました。

これまでの無意識思考研究では、無意識思考の認知メカニズムとしてこの仮説を唱える研究者はおらず、無意識思考研究の蓄積を踏まえていないように感じられたのです。

【図版13】車などの消費財を評価しているときの無意識思考中の脳活動

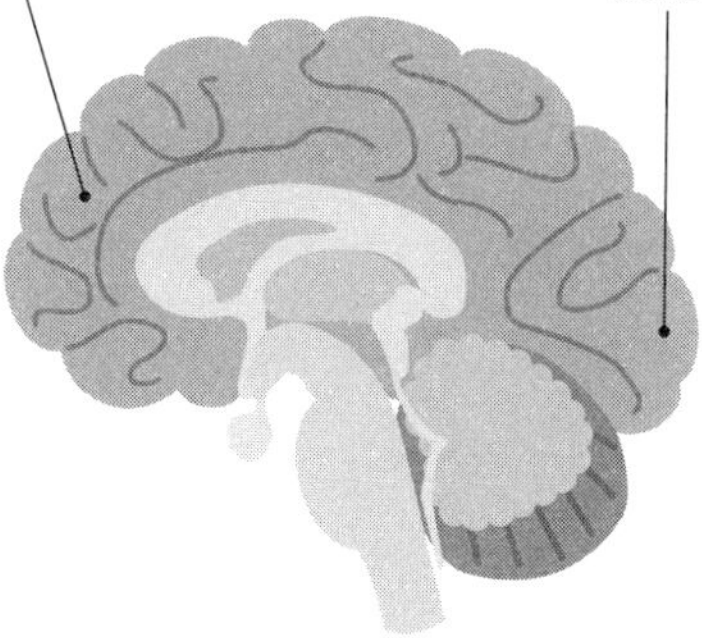

（Creswell et al., 2013 より）

さらに、背外側前頭前野は計算などの、意識思考中に活動する脳領域であることが多くの研究で示されているため、「無意識思考中は、意識思考を超える何らかの認知メカニズムが働いているはずだ」という期待と反する結果でもありました。

むしろ、意識思考中に活動する脳領域が特定されたため、ある意味矛盾するようにも考えられたのです。

加えて、この研究では車などの消費財を意思決定の対象としていましたが、これまで見てきたように無意識思考はさまざまな意思決定の対象でその効果が検証されています。

つまり、消費財の評価以外の課題を加えることで、無意識思考が関与する脳領域は固定化されているものなのか、または、課題ごとに異なるのかを知ることができるのではないかと仮定したのです。

そこで私は、彼らの研究を参考にしつつ、問題点を改善し実験を行いました。まず、無意識思考の認知メカニズムとして、全体論的表象仮説（Holistic representation hypothesis）を立てました（【図版14】）。

これは私のオリジナルの仮説ではなく、これまでの無意識思考研究で提唱されてきた仮説です。

詳しくは、第4章で述べますが、無意識思考では、さまざまな形で情報の統合が行われると示唆されてきました。

個々の情報ではなく、全体の情報をもとに思考がされること、また、それぞれの情報の重要性を価値判断するといった処理が、無意識思考中に積極的に行われると仮定します。

【図版14】全体論的表象仮説（イメージ）

無意識思考中

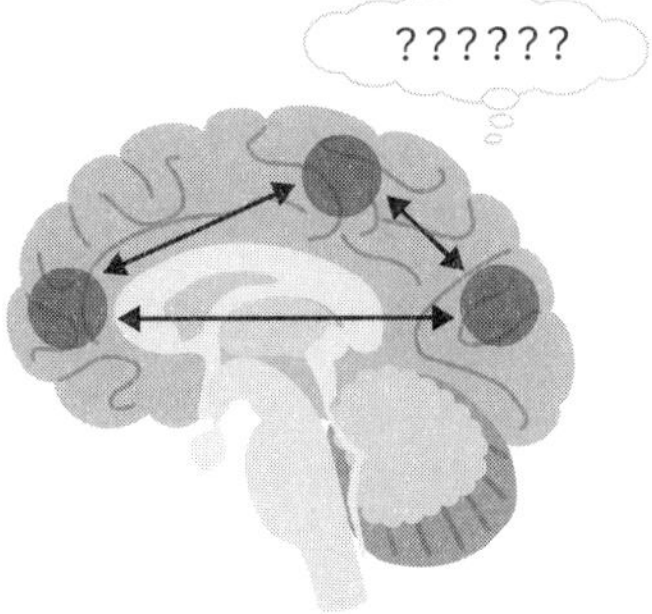

アイテム提示時とは無関係に、無意識思考中にさまざまな情報の統合が行われると仮定する。

つまり、大量の情報を処理しつつ価値判断を行うことから、全体論的表象と呼ばれるのです。

さらに、私は車などの消費財評価課題に加え、人物評価課題を実験課題として用いました。

人物評価課題を加えることで、意思決定の対象ごとの脳メカニズムを比較することが可能となります。無意識思考には個人差があることを踏まえ、無意識思考を使って良い選択ができる人の、無意識思考中の脳活動をｆＭＲＩを使って調べることにしました。

その結果、驚くべきことがわかったのです[32]。両課題において、無意識思考中に「楔前部《けつぜんぶ》」と呼ばれる抽象的概念や価値に関係する脳領域が活動していました（【図版15】）。

楔前部は、さまざまな脳領域と機能的に関係することから〝ハブ〟領域として知られています。さまざまな脳領域からの情報を全体的に統合する領域です。

さらに、人物評価時における妨害課題中の脳活動からは、無意識に人の好き嫌いを判定している可能性があることが示唆されました。

一方、消費財評価時の無意識思考中の脳活動からは、提示された消費材の立体的イメージを作り、それらをあたかも使用しているかのようにシミュレーションしていた可能性があることが示唆されました。

つまり、無意識思考中は、情報の統合や価値判断などが脳内で起こっている可能性が高いことがわかったのです。

これは、全体論的表象仮説と整合すると考えられます。

【図版15】無意識思考中の脳活動
（無意識思考を使って良い選択ができる人が使っている脳ネットワーク）

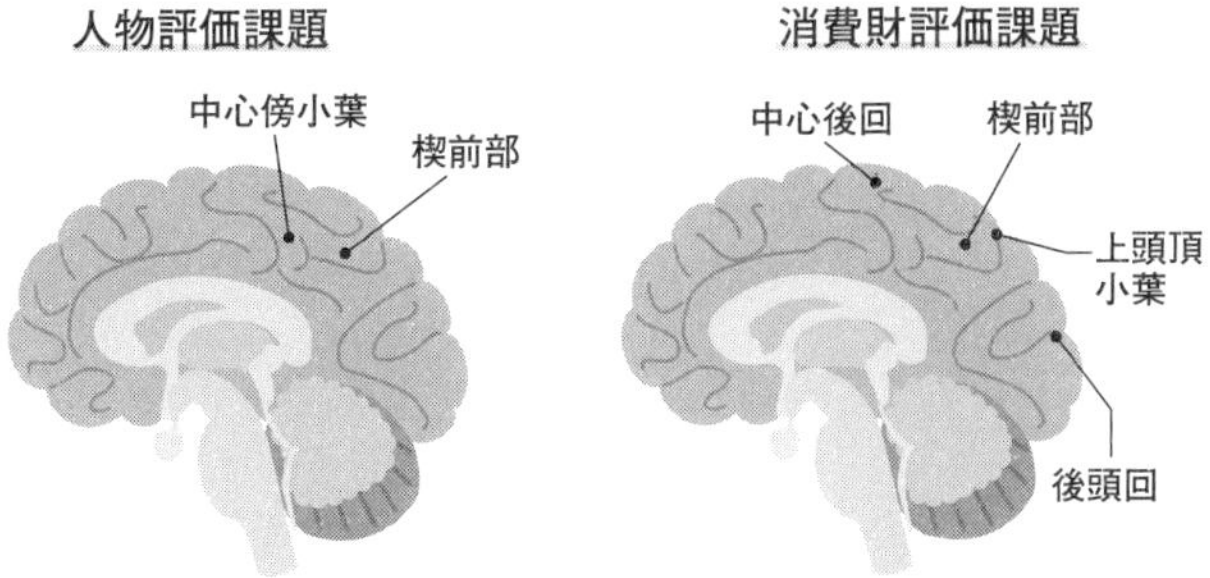

人物評価時は無意識に人物の好みを判定し、消費財評価時は使用しているかのように、シミュレーションをしている可能性がある。（Kageyama et al., 2019 より）

この実験結果から、無意識思考といっても、その選択や評価の対象によって、使用する脳領域が違っており、無意識思考が発生するプロセスは、対象によって異なることがわかりました。

さらに、私の実験データから神経再活性化仮説の検証を試みましたが、有意な脳活動は検出されず、無意識思考中は積極的な情報の統合が行われているのではないかと推察されました。

とはいうものの、無意識思考はさまざまな課題でその効果が検証されていますが、その認知メカニズムに関しては、現在のところ世界に２例しか研究がありませんから、まだ仮説段階です。

無意識思考を使って嘘を見抜いているとき、数多くの選択肢から商品を選ぶとき、クライアントの要望に応えるときなど、脳内はどうなっているのか現在のところわかりません。

そのため、他の課題でも、その認知メカニズムが解明されない限り、無意識思考の全容解明は進みません。

しかし、2例しかないものの、無意識思考中の認知メカニズムについての、脳活動が検出できているという共通点から、その思考中は積極的な〝思考〟が生じているという仮説には、かなりの信憑性があるのではないかと考えています。

コラム②

ポイントは「オメガ3」

人間の脳の約60~70％は、脂質でできているといわれています。実際、人の脳は脂でベトベトです。

だからこそ、脳の健康には良質な油を摂ることが欠かせません。また十分な油がないと脳は乾燥し、十分な機能を果たせなくなるのです。

ただ、油といっても、含まれる脂肪酸の種類によってその種類は分かれます。大まかには、バターなど動物性の油に多く含まれる飽和脂肪酸と、植物性の油に多く含まれる不飽和脂肪酸の2種類です。

さらに不飽和脂肪酸のうち、アマニ油やえごま油に多く含まれる「オメガ3」と、ほとんどの植物油に含まれる「オメガ6」は、体内で作ることができず食事で補うしかないため「必須脂肪酸」と呼ばれます。

現代の食生活で問題なのは、圧倒的にオメガ6を摂りすぎてしまう点です。

オメガ6は身体の炎症を促進させる作用があり、逆に不足しがちなオメガ3には炎症を抑制する働きがあります。

ですから、脳の健康を保つためには、意識して積極的にオメガ3を摂る必要があるわけです。

ただ、オメガ3が多く含まれるアマニ油やえごま油は熱に弱いので、炒めものなどには向きません。そのままドレッシングとして活用するなど、常温で利用するのがおすすめです。

ちなみに、スーパーなどでは、いろいろな種類が売っていますが、できれば低温圧搾（コールドプレス）で加工され、光の入らない容器にボトリングされた商品を選びましょう。

さらに、有機栽培のものであればベストです。

【第4章】

問題について“注意”を向けているか否か

——「意識思考」と「無意識思考」という2つのモード

驚くべき無意識思考の5つの特徴

私たちが〝思考〟という言葉を聞いたとき、真っ先に脳裏に浮かぶのは〝じっくり考える〟という意識思考のことでしょう。これまでは、思考とは意識思考の1種類であるというのが私たちの共通認識だったと思います。

しかし、思考には「無意識思考」というモードがあるということは、本書でこれまでに何度も述べてきたとおりです。

つまり、思考には「意識思考」と「無意識思考」の2つのモードが存在するのです。

たとえば、「次の休み、札幌へ旅行に行こうか、博多にしようか」と迷っていたとします。このとき、「札幌は海鮮がおいしいし、今の時期、爽やかな自然も楽しみたい……」などとじっくり考えて、「よし！　札幌に行こう！」と決めたとしたら、これは意識思考を使って意思決定したことになります。

一方、条件などを一通り把握したあと、考えるのをやめて放置し、翌日になって「やっぱり博多へ行こう！」とひらめいたとしたら、その瞬間は意識的なものですが、そこに至る過程は無意識的なものであったといえます。

つまり、「意識思考」と「無意識思考」を分けるものは、問題に対して「注意」を向けているか否か、という点です。

「意識思考」では、問題に対してかなりの注意を向ける必要がある一方、「無意識思考」では、問題に対して注意を向けず、他の対象に注意を向けている時間を必要とします。

人間の思考というものを考えたときに、この２つのモードがあると認識することは非常に重要となります。

２つの思考モードを分ける点は、注意を向けているか否かの違いであると述べましたが、両者はまったく関連がないわけではありません。

意識思考が、意識的プロセスのみで構成されるとは限らないからです。たとえば、私たちが話をするとき、それ自体は意識的なものです。しかし、「話をする」という行動の背後では、文法、言葉の選択など、無意識的な活動が多くなされているのは、先にも書いた通りです。

このように、意識的なプロセスには、無意識的なプロセスが同時に起こりうるのです。

ここからは、無意識思考についての理解をさらに深めてもらうために、無意識思考が持つ5つの特徴についてまとめてみたいと思います[33]。

特徴① 情報処理に制約がない
（容量上限の原理～The Capacity Principle～）

「意識思考」と「無意識思考」の大きな違いの1つは、前者が情報処理の制約を受ける点です。意識的に扱える情報量には限りがあります。

試しに、次に挙げる事柄について、意識的に、すべて同時に考えてみてください。

「今晩の夕食のメニュー」
「次の休日にでかける場所」
「今欲しいもの」

どうですか？

別々に、もしくは順番に考えることはできても、すべてを同時に考えることはできないはずです。

意識思考はこのように限定的であり、一度に1つのことしかできません。

ちなみに、人が意識的にできる情報処理は10～60ビット／秒であるといわれています。今、みなさんがこの文章を読んでいるとき、脳内では概ね45ビット／秒程度の情報処理が行われていると考えていいでしょう。

一方で、人間の情報処理量は11，200，000ビット／秒あるといわれています。視覚システムの処理だけで、10，000，000ビット／秒の情報が処理できるとされています（具体的な数字には諸説あるので、あくまで概算と捉えてください）。

ここで理解してほしいのは、意識的処理の容量が非常に小さいことです。意識的思考で使える容量が、人間の情報処理システムに占める割合はほんのわずかにすぎません。

人間が一度に記憶し、即座に思い出せる数には、限度があることが知られています。その容量の小ささを象徴する研究結果では、人が瞬間的に記憶できる数は、7つ前後であることがわかっているのです[34)]。

これは、心理学用語で「マジカルナンバー７」と呼ばれています。

たとえば、まったく知らない携帯電話の番号を、誰かにいってみてもらってください。携帯電話番号は11桁あるので、たった一度聞いただけで、即座に諳《そら》んじるのはかなり難しいと感じるはずです。

意識思考はその容量の制約のため、情報量が大きくなると、うまく機能しなくなってしまうのです。

しかし、「無意識思考」の情報処理の量は、「意識思考」に比べて桁違いに大きいのです。これこそ、無意識思考の１つめの特徴です。

研究者らは、これを検証するために次のような実験を行いました[35)]。

架空の４つのアパートについてそれぞれ15の特徴を提示し、４つの中から最も良いアパートを選択してもらいます。４つのうち１つだけが、非常に望ましいアパートでした。

例のごとく、被験者たちは、

①**直観条件（システム1）**
情報提示後、すぐに選択する。

②**意識思考条件（システム2）**
情報提示後、3分間考える時間が与えられたあと、選択する。

③**無意識思考条件（システム3）**
情報提示後、3分間妨害課題が課されたあと、選択する。

の3条件に、ランダムに割り当てられました。
その結果、最も良いアパートを選択できたのは、①で36%、②では47%、③では59%となり、無意識思考条件（システム3）は他の思考条件よりも正確に選択できていることがわかりました。

さらに、それぞれのグループの被験者には、選択する際にどれだけの情報量をもとに決定していたのか調べるために、次のような質問が追加されました。

「あなたは選択する際に、
(1) 1つか2つの特定の情報をもとに判断しましたか
(2) 情報全体を考慮し判断しましたか」

実験の結果、(2)情報全体を考慮して選択したと回答した被験者は、①42%、②27%、③56%となって無意識思考条件（システム3）が他を上回り、②の被験者の70%以上が、1つや2つの特定の情報をもとに判断をしていたことがわかりました。

この結果から、より多くの情報から判断したほうが、より良く、より正確な選択ができると考えられるのです。そして意識思考では扱えない容量のデータを扱うことができる無意識思考は、情報処理でその力を十分に発揮できるといえます。

特徴② 適切かつきちんと評価ができる
（重みづけの原理〜The Weighting Principle〜）

「無意識思考」の2つめの特徴は、「重みづけ」ができること。

重みづけとは、各評価項目を点数化して、総合的に評価する方法です。

要するに、意思決定に関する情報のどれが重要で、どれが重要でないかを、適切かつきちんと評価するということです。

これがうまくいかないことで、間違った選択をしてしまうことは往々にしてあります。

たとえば、会社で採用面接をするとき、「コミュニケーション」「素直さ」を重視するという方針が決まっていたにもかかわらず、実際にはその人のルックスであったり、学歴であったり他の条件が魅力的に映ってしまい、迷ってじっくり考えた結果、方針に沿わない採用をしてしまうことはままあります。

いざ仕事をさせてみたら、コミュニケーション能力に乏しく、自分本位な人物とわかり、かえってお荷物な社員になってしまった……。

この例は明らかに、「重みづけ」のミスが引き起こしたことによる失敗です。

意識思考は、バイアスのかかった選択をしがちなのです。

ある研究で、被験者に芸術的なポスターを選んでもらう実験が行われました[36]。

被験者は2つのグループに分けられ、1つのグループには、ポスターを選んだ理由についてかなり詳しく説明してもらいました。もう片方のグループには、特に説明を求めませんでした。

数週間後、あらためてそれぞれのグループに対し、選んだポスターへの満足度を調べたところ、説明を求めなかったグループの方が、満足度が高いことがわかったのです。

この差は、意識思考が理解しやすいもの、もっともらしいと思われるもの、言語化しやすいものに、誤って重みづけしてしまう傾向を持っているからであると考えられました。そこで、別の研究者らは、この仮説を検証するための実験を行いました[37]。

被験者は5枚の芸術的なポスターから1枚を選び家に持って帰るように依頼され、例によって3つの群に分けられました。

①直観条件（システム1）

ポスターをチラ見して、すぐに最も良いと思われる1枚を持ち帰るように指示された。

②意識思考条件（システム2）

各ポスターについて、それぞれ90秒間（＝計450秒間）考える時間が与えられた。そして、考えながら、各ポスターの良い点、嫌いな点など自分の考えを紙にメモするように求められた。

それから、最も良いと思われる1枚を持ち帰るように指示された。

③無意識思考条件（システム３）

一通りポスターを見た後、４５０秒間の妨害課題（ポスター選択とまったく関係のない課題）が課された。

それから、最も良いと思われる１枚を持ち帰るように指示された。

数週間後、実験者はそれぞれの被験者に電話を掛け、選んだポスターについてどれくらい満足しているか尋ねました。その結果、無意識思考条件の被験者は、他の２つの条件の被験者に比べて満足度が高いことが判明しました。

さらに、おもしろい発見もありました。

被験者に、選んだポスターをいくらで売りたいか尋ねたところ、無意識思考者は意識思考者より平均で約２倍の値段をつけたのです。

これらのことから、無意識思考では、さまざまな属性の相対的な重要性について、自然な重みづけをすることができるとわかります。

そのため、バイアスに囚われず、より正確な選択ができるというわけなのです。

特徴③　バイアスがかからない
（ボトムアップ処理とトップダウン処理の原理
〜 The Bottom-Up vs Top-Down Principle 〜）

人間の情報処理のやり方には、「トップダウン処理」と「ボトムアップ処理」があります。

「トップダウン処理」とは、すでに持っている知識などを前提に、見たり、聞いたり、読んだりするものを理解する方式のこと。

たとえば、「血液型ごとに性格が異なる」という仮説を持っている人は、A型と聞けば「あなたは几帳面」、O型の人には「おおらかだね」と、血液型だけで、その人の性格、特徴を作り上げてしまいます。

その人の実際の言動やふるまいなどは、蚊帳の外です。

一方、「ボトムアップ処理」とは、見たり、聞いたり、読んだりするものについて、それぞれを構成する要素をバラバラに分析し、認識する方式です。

たとえば、人の性格や特徴を作り上げるにあたって、血液型や外見にとらわれることなく、言動やふるまいなどを注視し、時間をかけて行います。

もちろん、ボトムアップ処理の方が時間はかかりますが、バイアスがかかりません。

そして、「意識思考」はトップダウン処理を行い、「無意識思考」はボトムアップ処理を行うことがわかっています。

これは次のような実験で検証されました[38]。

私たちは、ある国や民族の人たちに対してステレオタイプな見解、つまり固定観念を持っています。

日本人であれば、「勤勉である」「礼儀正しい」などがあてはまるでしょう。

ある研究者はオランダ人の被験者に、架空の人物の印象を評価させる実験を行いました。その架空の人物は、オランダに住む少数民族で、オランダ人であれば概ね似たようなステレオタイプな印象を持っていると考えられます。

その人物の性格特徴は全部で24あり、そのうち12はステレオタイプな特徴（社交性など）、６つはステレオタイプではない特徴（知性など）、残り６つはそのどちらにもあてはまらないニュートラルな特徴でした。

これらの特徴が、パソコンの画面に7秒間ずつランダムに提示されたあと、被験者は意識思考条件と無意識思考条件の2つに割り当てられました。

意識思考条件では、提示された人物の印象を7分間考えてから、人物の印象について答えてもらいました。

一方、無意識思考条件では、7分間、印象形成とはまったく関係のない課題に従事し、それから人物の印象を答えてもらいました。

その結果、意識思考者は、無意識思考者よりステレオタイプな特徴をもとに人物を判断していることがわかりました。

＊＊＊

「意識思考」は、事前知識や期待などに影響されてしまうため、バイアスのある情報処理が行われがちです。そして、ややもすると、結論ありきで思考しがちです。「結論はこうであろう」という思い込みに、気がつかないまま思考してしまうことがあります。

一方、「無意識思考」は、時間はかかるものの、膨大な情報をまとめ、統合して情報処理がなされます。その結果、偏りのないより正確な結論を導き出せるということなのです。

特徴④　斬新なアイデアを生み出せる
（収束と発散の原理～The Convergence vs Divergence Principle～）

ここまで挙げた無意識思考の特徴は、選択や意思決定に関係したものでしたが、この4つめの特徴は、クリエイティビティ（創造性）と密接な関係性があります。

創造的な思考には、「収束的思考」と「発散的思考」の2種類があります。

「収束的思考」とは、与えられた情報を論理的に推論し、答えを導く思考です。唯一の解答がある計算問題を解くときなどに、必要とされます。

一方、「発散的思考」とは、与えられた情報から考えをめぐらせることで、新しいものを生み出すときに必要とされる思考です。

日本人は学校教育において、相当の時間をかけて「収束的思考」を教えられます。

逆に「発散的思考」はほとんど必要とされないのですが、社会に出ると、急にその思考を駆使するように求められはじめ、戸惑う人も多いはずです。「収束的思考」と「発散的思考」については、言及されているビジネス書も少なくないので目新しさはないかもしれません。

しかし、この2つの思考を使い分ける方法まで説明している本は、あまり見当たりません。それもそのはず、これまでの考え方には、肝心な点が抜け落ちていました。収束的思考は意識思考に、発散的思考は無意識思考に、それぞれ対応しているのです。

つまり、斬新なアイデアや、誰も思いつかないような着想を得たければ、無意識思考を活用すべきだといえます。

「無意識思考」が創造性を向上させることを明らかにした、海外の研究があります[39]。被験者には、新しいパスタの名前を、思いつく限り作成するように依頼しました。その上で、具体例としてアルファベットの〝i〟で終わるパスタ名を5つ、紹介しました。

被験者は例によって、3つのグループに分けられました。

①直観条件（システム1）

1分間で、新しいパスタ名を思いつく限り挙げるように指示された。

②意識思考条件（システム2）

3分間考えた後、1分間時間を与えられ、新しいパスタ名を思いつく限り挙げるように指示された。

③無意識思考条件（システム3）

妨害課題に3分間取り組んだ後、1分間で新しいパスタ名を思いつく限り挙げるように指示された。

そうして、被験者が作成したパスタ名の数がどれほどだったか、①、②、③の結果を比べてみたのです。

ちなみに、作成されたパスタ名に既存のパスタ名と同じものがあった場合、それらは除外されました。また、作成されたパスタ名のうち〝i〟で終わるものを「収束的アイテム」、それ以外を「発散的アイテム」として分類しました。

分析の結果わかったことは、第一に、「収束的アイテム」のほうが「発散的アイテム」よりもたくさん作成されていたことです。

さらに、思考条件で比較すると、③無意識思考条件（システム３）は「発散的アイテム」をより多く作り出したのに対して、①直観条件（システム１）と②意識思考条件（システム２）では、「収束的アイテム」のほうが多く作られていたのです。

つまり、意識的に新しいパスタ名を考えようとしても、ありきたりになってしまうのに対して、無意識思考を活用すれば、より斬新な名前を生み出せることがわかりました。

これは要するに、意識思考が事前に与えられた情報に影響されやすいのに対し、無意識思考は事前情報に影響されずに、よりクリエイティビティを発揮できるということです。

この3つの思考の差を知っておくと、クリエイティビティを求められやすいビジネスの場面で、うまく活用することができます。

たとえば、上司から新規事業を提案するように求められたとします。

このとき、事前に過去に実施された事業をサーベイすることは、一見まっとうな手段のように思えますが、むしろ過去の情報に影響されて似たり寄ったりの新規事業しか提案できない、などということになりかねません。

そもそも、「新規事業の提案」を求められる裏には、上司の「よく考えなさい」という意識思考を促すかのようなメッセージが暗黙のうちに刷り込まれているので、より創造性を発揮しにくくなるのです。

こういうときこそ無意識思考の出番といえます。

もっとも、まったくのゼロから発案するのが難しく、どうしても過去の事例にあたってしまう人はいるでしょう。

しかし、そういう場合でも、意識思考より無意識思考の方が、創造性を発揮できるのは実験のとおりです。

これを活用しない手はありません。

特徴⑤ 計算問題は解けない
（ルールの原理～The Rule Principle～）

次の計算をしてみてください。

電卓は禁止ですよ。


９×19＝？


答えは１７１。

どのような計算の過程を経たにしろ、みなさんはおそらく「意識思考」を使って、じっくり考えられたことでしょう。このような計算は、「意識思考」が最も得意とする分野です。

逆にいえば、この手の問題は「無意識思考」では対応できません。

言い換えるなら、「意識思考」はルールに従うことができますが、無意識思考は苦手なのです。ルールに従えないのが、無意識思考の5つめの特徴です。

無意識思考もまったくルールに従えないわけではなく、概算や見積もりくらいならできるのですが、算数の計算問題で正確な答えを出すには、意識思考で考える必要があります。

一度問題を頭に入れておき、そのあとまったく関係のない他のことをやって、いくら無意識思考を働かせようとも、計算問題がいつの間にか解けたというようなことにはならないわけです。

誰もが〝いい変化〟をどんどん起こせる

ここまで、無意識思考の特徴を説明してきました。

限られた情報から正確な判断をしたり、単純な選択を行ったりするときには、「意識思考」のほうがよい選択ができるものです。

一方、複雑な選択を行うときには、扱える情報処理量が格段に大きい無意識思考のほうが、正確な選択をするのに向いています。無意識思考は時間はかかりますが、大量の情報に適切な重みづけをして、バイアスのかからない評価を見出すことができるからです。

また、収束的思考を主とする意識思考よりも、発散的思考を主とする無意識思考のほうが、よりクリエイティビティを発揮するのに役立つのは、先にも述べたとおりです。

つまり、無意識思考は、創造性をも向上させます。

これは、ひいては人の「隠れた能力」を開花させることにつながります。

ビジネスにおいて「隠れた能力」を開花させるとは、わかりやすくいえば、類《たぐい》まれなるアイデアを生み出せるということです。

無意識思考を活用すれば、たとえば折れたら使えなくなる傘を、あえて折って持ち運びしやすくした折りたたみ傘が登場したときのように、小さな変化で世の中を大きく変えるイノベーションを生み出すことも夢ではありません。

ところが、こういう話をすると、

「創造性など、一部の限られた人に与えられた、天賦の才能だ」

と、端から諦めてしまう人も多いのです。

確かに、著名なアーティストや小説家、科学者、名の知られた経営者など、先天的な能力に恵まれたように見える方もいますが、彼らの中には、人よりも「無意識思考」を非常にうまく活用できるからこそ、成功している方もいるかもしれません。

というのも、著名人の残した文章や発言をひもといてみると、どうやら無意識思考を使っているようだと読み取れる部分が少なからず見つかるのです。

そこで、偉業を成し遂げた歴史的人物たちの証言を通して、どのようにして創造的問題解決を行っていたのか、見てみることにしましょう[40]。

35年という短い生涯の間に、１０００曲に近い名曲を世に送り出したオーストリアの天才音楽家モーツァルトは、次のような言葉を残しています。

「私は、食事の後の散歩、あるいは夜中に一人で眠れないとき、そういうときに、思い付きが最もたくさん流れ出る。しかし、どこから、どのように現れてくるのかはわからない」

もちろん、思いついたその旋律を楽譜に落とし込み、素晴らしい一曲に仕上げられたのは、彼の音楽に関する豊富な知識と、卓越した才能のなせる技です。

一方で、このモーツァルトの証言からわかるのは、モーツァルトが美しい旋律を生み出したきっかけは、無意識思考を使っているときの感覚に非常に近いものがあったということです。

そして、同じく天才的音楽家と名高いロシアのチャイコフスキー。バレエ音楽『白鳥の湖』をはじめとして、誰もが聞いたことのある名曲を数多く残した人物です。

彼もまた、

「新しい曲の萌芽は、いつも何か他のことをしているときに突然やってくる」

という言葉を残しています。説明するまでもないでしょう。彼もまた、無意識思考によって美しい曲を生み出していたことがうかがえます。

同じような証言を残しているのが、フランスの数学者アンリ・ポアンカレ。

数学者、物理学者、天文学者として数々の偉業を成し遂げ、特に「トポロジー」という新しい数学の概念を発見して、「ポアンカレ予想」を提言したことで知られます。

あるとき、彼は証明問題を解こうと15日間、毎日机に向かい取り組んだものの、結論には至りません。ある晩、いつもは飲まないブラックコーヒーを飲んだら、眠れなくなってしまったそうです。すると、いくつもの構想が雲のように湧いてきて、証明問題を解く糸口になったといいます。

また、地質学の調査旅行にでかけたときのこと。数学のことはすっかり頭になかったのに、クータンスという町で乗合馬車のステップに足をかけたとき、ふいに、ある証明問題を解決するときに用いた変換が、非ユークリッド幾何学の変換と同じであることに気が付いたのです。

ちなみに、ポアンカレは朝10時からの2時間、午後17時からの2時間、1日計4時間しか、数学の仕事をしなかったといわれています。

歴史的な偉業を残した彼が怠慢であったわけはなく、自覚的ではなかったでしょうが、おそらくは「無意識思考」をうまく使う方法を心得ていたに違いありません。

なぜなら、1日4時間という仕事時間が重要であるなら、10時から14時までまとめて時間をとるといったやり方でもよかったはずです。

しかし、彼はそうしませんでした。間に数学に関わらない時間を設けました。

これこそが、彼が無意識思考を活用して、偉大な業績を成し遂げてきたという証拠ではないでしょうか。

もっとも、すべて推測ではないかといわれればそれまでですし、さらには歴史的な作曲家や数学者ですから、こんな例では参考にならない、と思われた方もいるかもしれません。

そこでご紹介したいのが、ソニーの創業者である盛田昭夫氏の言葉です。

彼もまた、無意識思考の活用をほのめかす言葉を残しています。

盛田氏といえば、日本初のテープレコーダーやトランジスタラジオ、そしてウォークマンを世界に売り出し、ソニーを日本を代表する世界ブランドに押し上げた人物です。

特に、ウォークマンは歩きながら、移動しながら音楽が聴ける製品として世界中で爆発的にヒットしましたが、その製品化を思いついたのが、盛田氏であるといわれています。

そして彼は、革命的ともいえる商品を生み出す源泉となった創造性について、次のように述べています。

「機械やコンピューターには創造はできません。創造には既存の情報処理以上のものが必要だからです。人間の思考、ひらめき、そして多くの勇気が必要なのです」[41]

そうです。

盛田氏は、機械的な情報処理では創造はできない、とはっきりといっています。

そのうえで、既存の情報処理以上の何か――つまり、人間の思考やひらめきといったものが必要であると断言しています。

ここで述べられている「情報処理以上の何か」というのは、論理的・合理的かつ意識的な思考のことではないでしょう。

それは、既存の認識を超えた無意識的なものであるはずです。ひらめきというのは、無意識思考の結果、得られたインスピレーションではないでしょうか。

p39では、ビル・ゲイツやスティーブ・ジョブズの証言をご紹介しました。

それらは、直観の重要性を説明するための事例でしたが、彼らの証言にある「直観」という言葉の裏に、無意識思考の存在があったかもしれないことは否定できません。

直観も無意識思考も、ひらめいた瞬間は同じような感覚になることがあります。

アイデアなどが突然浮かんだ場合、無意識思考という存在を知らなければ、「直観」という言葉に集約されると考えられるからです。

直観的に思い浮かんだアイデアは、実は無意識的に思考し続けたことによって浮かんだアイデアであった――。特に、常に情報を収集している経営者のような方の場合には、そういうことも十分ありうるでしょう。

日本人は論理・合理的思考に偏りがちであることを前に述べました。

もちろん、それが悪いわけではありません。

しかし、日本人が苦手とする画期的なアイデアを生むためには、無意識思考が欠かせません。

無意識思考を使いこなせるようになることで、日常生活や仕事でよりパフォーマンスが発揮できることは間違いないでしょう。

コラム③

大豆製品で脳の働きをスムーズにする

人間の身体は、約60兆個の細胞でできています。

もちろん、脳も細胞で作られており、その1つに「神経細胞（ニューロン）」があります。

神経細胞の数は、大脳と小脳を合わせて約1千億個あるといわれています（諸説あります）。そして、人間の細胞は、油の膜で包まれているのです。

神経細胞の中心には、細胞体があります。

細胞体からは、他の神経細胞から情報を受け取るための樹状突起と、逆に情報を送るための軸索が伸びています。

この軸索には、髄鞘《ずいしょう》（ミエリン鞘）という膜が巻き付いているのですが、これの約7割から8割が脂質でできているのです。

髄鞘は、電気を通しにくい膜であり、情報伝達をスムーズに行うための重要な働きを担っています。

もし、脂質がきちんと摂れていなければ、髄鞘の機能が鈍くなり、情報伝達が遅くなったり、うまく伝達できなかったりしてしまうのです。

簡単にいうと頭の回転が悪くなります。

さらにこの髄鞘は、リン脂質という脂肪でできています。リン脂質は加齢による記憶力の衰えを防ぎ、アルツハイマー病の発症を防ぐ効果があるといわれています。

リン脂質そのものは、体内で生成できますが、食事で補うことも可能です。リン脂質はさまざまな食事に含まれていますが、特におすすめなのが卵と大豆です。

大豆は納豆、豆腐など、日本人にも馴染みがあり摂取しやすい食品ですが、注意も必要です。

一つは、安全性が保障されていない遺伝子組み換えの食品を避けること、それから、できれば納豆などの発酵食品の形で摂取することです。

大豆に含まれるフィチン酸は、マグネシウムなど生体にとって重要なミネラルの吸収を阻害する作用があるといわれています。

しかし、発酵の過程でフィチン酸の影響をなくすことができるので、豆乳などではなく、発酵食品を中心に摂取することが望ましいのです。

【第5章】

目的を明確に、情報を十分に仕入れる

――「無意識思考」をうまく活用する

この〝3つのポイント〟を意識すればいい
——無意識思考のトリセツ

みなさんは、進路を決めるのにどれくらい時間をかけましたか。

とある大学の先生が、学びたい学部や学科を決めるのにどれくらい時間がかかったか、学生たちに聞いてみました。その結果、数時間で決めたという学生もいれば、1年以上かかったという学生もいましたが、多くは数か月を要したと答えたそうです。

専攻を決めるときは、たいてい2、3に候補を絞ってから、どれにするか考えるのが一般的でしょう。

その上で、たとえば「工学部だと就職には有利かもしれないが、あまり興味がわかない」とか、「文系学部には興味があるが、就職に不利だ」とか、立地や学費などの条件を踏まえて「〇大学か、△大学がいいのでは」などとあれこれ悩むはずです。
すぐには結論が出せず、とりあえずその問題を一旦脇においておき、数日経過した
ある日、
「そうだ、やはり〇〇大学の経済学部にしよう」
とひらめく――。これがまさに、無意識思考を使ったいい例です。
問題を脇に置いている間、遊んでいる間、食事している間に、私たちの無意識が考
えてくれているわけです。

もちろん、私も生活や仕事で無意識思考を活用しています。
研究者は実験の計画を立てたり、論文を書いたりすることが主な仕事です。
私の場合は、論文や実験計画の情報を一通り頭の中に仕入れたら、ある程度気がの
るまで放っておきます。気がのる、やる気が出るというところを、無意識思考の答え
が出た臨界点として、私の中で位置づけているからです。そのような瞬間ほどアイデ
アや思いがけない着想が浮かぶものです。
研究テーマに関する情報を仕入れたら、すぐに研究に取りかかるのではなく、「飲

みに行ってしまう」という知り合いもいます。
彼は、そうするほうが良いアイデアが出せることを知っているから、意識して無意識思考を活用しているわけです。

論文以外の文章を書く仕事のときもそうです。読み物として読んでもらうための文章を書いたり、表現したりするのは難しいものです。言葉の選び方や表現の仕方、そして読み手のことを考えると、なかなか筆が進みません。

そんなときこそ、無意識思考の出番です。ノーベル文学賞を受賞した文豪ヘミングウェイは、思考を寝かせることの有用性について次のように述べています。

「……また翌日書き始めるまで、書いていることについて考えないということを学びました。そうすることで、私の潜在意識がそれについて考えてくれているからです」[42)]

彼は、クリエイティブな仕事をしている人が共通して持っている認識として、この「思考を寝かせること」を挙げています。

たとえば、友人と会話している間でさえ、それまで考えをめぐらせていたものが、鍋が煮詰まるがごとく、グツグツと音を立てながら無意識が何らかの仕事をしてくれているというのです。

私もまさに本書を書いているとき、このアプローチを採用しました。執筆にとりかかっているとき以外は極力、本書の内容について考えないようにしていました。すると、おもしろいように書くべきアイデアが湧いてきたのです！

旅行先を決めたり、飛行機のチケットを買ったりするときも、無意識思考を使っています。

旅行に行こうと思い立っても、行きたい場所がいくつもあって「どこに行くか」を決めるだけで時間がかかることは珍しくありません。さらには、いついくか、どの旅行会社のどのプランで行くか、予算はいくらか……など検討材料には事欠きません。

そういうときは、候補地を2、3に絞って、それぞれの情報をざっと調べたら、あとは思考を寝かせておきます。

飛行機のチケットを買うときもそうです。

地方都市間なら迷うことはないのですが、主要都市間ですと、航空会社やルート、乗り換えのありなしなど選択肢はさまざまです。ホテルとのセットプランもありますから、料金との兼ね合いを考えると結構面倒な選択になります。そういうときも、ある程度候補を絞ったら、放っておくのです。

放っておいて数時間後、もしくは数日後、ふいに「これだ！」とピンときたものがベストな選択であったりするものです。

私は無意識思考の存在を知ったときから、より一層好奇心を持って情報を集めることにしています。あとは、ほったらかしにしておけば、無意識が勝手に情報処理をし、最高の答えやひらめきを与えてくれることがわかっているからです。

そのひらめきの瞬間を逃さないために、メモ帳は常に持ち歩いています。メモ機能を備えたアプリもスマートフォンにインストールして使っています。

難題の解決法や、最高のアイデアが意識に上ってくるのは、ほんの一瞬。それを忘れないように手を尽くしているのです。

無意識思考とはどういったものか、どのような特徴を持っているのか。

ここまで読んでくださった読者のみなさんには、かなりご理解いただけたのではないでしょうか。

もっとも、無意識思考がどのようなものかわかったところで、どうやって活用すればいいのか、その方法がわからなければ意味がない……。

そう思われる方もいるかもしれません。

そこで、ここからは、無意識思考を活用するための具体的な方法論について、お伝えしていこうと思います。

トリセツ① 「起動」させる時間が必要

無意識思考を使いこなすために、何が最も重要なのか。

それは、無意識思考を「起動」させるための時間を作ることです。


しかし、これが意外と難しいのです。

私たちは何かを決めたり、アイデアを生成したりするときに、直観的に素早く考えたり、意識的にじっくり考えたりすることに、慣れてしまっています。

先にも述べたように、国や文化によって推奨される思考に違いがあります。欧米では、合理的に素早く回答が得られ、結果が出れば良しとされる傾向があるようです。

一方、日本では、結果はさることながら、その過程も重要視されます。じっくり考える合理的な認知スタイルが好まれるのです。

成功者のライフヒストリーを語るにしても、とにかく苦労して、がんばって、懸命に解決策を考えて、その結果なんとか成功したという流れがみな大好きです。楽しみながらラクラク成功したというのでは、誰も感動しませんし、どこか聞きたくないという雰囲気すらあるようです。

もちろん、私もがんばること、努力することを否定するつもりは毛頭ありません。しかし、無意識思考を使いこなすには、「がんばって考える」という行為そのものをしてはいけないのです。「がんばって考える」ことは、意識思考を使うということだからです。

そもそも、無意識思考は、

「課題以外の活動に従事しているときでさえ、私たちは思考しているのではないか」

という仮説が出発点となっています。

たとえば、ニュートンが万有引力を発見したとき、アインシュタインが相対性理論を発見したとき、彼らはその発見に数年、数十年の歳月を必要としたでしょう。

しかし、その期間、彼らが昼夜問わず科学法則のことだけを考え続けていたかというと、そうではないはずです。

ただ、趣味を楽しんでいるとき、食事しているとき、研究以外のことをしているとき、彼らは無意識思考によって考え続けていたのではないでしょうか。


注意を問題の対象からそらしていても、無意識が思考し続けてくれている。無意識思考は、そもそもの発想が、このような長期間にわたる思考が無意識に行われているのではないか、ということを起点にしています。

もちろん、これを科学的に検証、証明するのは非常に難しいことです。なぜなら、数日、数か月間もの間、被験者の思考をモニターすることは、実験上、不可能だからです。そのため、無意識思考の実験では、これまで紹介してきたように、数分間の妨害課題をやってもらうことで、無意識思考のための時間を作るという手法がよく用いられます。

ただ、気になるのは、無意識思考のための時間をどれだけ確保すればいいのか、どのくらいの長さが最適であるのかでしょう。

無意識思考の研究がはじまった当初、無意識思考は長ければ長いほど効果が出やすいと考えられていました。

しかし、話はそう単純ではないことが、最近わかってきたのです。

ある実験で、無意識思考の時間を1分間、3分間、5分間で設定し、どの時間が最も無意識思考の効果が出やすいかを検証しました[43]。

その結果、無意識思考を3分間に設定したとき、最も良い選択をするという結果が出たのです。

1分間では短すぎた、というのはわかるとして、なぜ5分間ではうまくいかなかったのでしょうか。研究者たちは「考えすぎたのではないか」と結論付けました。

じっくり考えるのが基本の意識思考であっても、考えすぎてかえって混乱を招いたり、わけがわからなくなったりすることはあります。無意識思考も同じで、課題や問題にあった、丁度良い思考時間があると仮設を立てたわけです。

また、実験で使用される妨害課題は基本的に退屈なものが多いため、長くなるほど被験者をイライラさせてしまい、それが無意識思考を阻害するのではないか、という研究報告もあります[44]。

もっとも、実生活で無意識思考を活用するのであれば、無意識思考を行う時間については そこまで気にする必要はないでしょう。

思考には〝個人差〟が存在します。

たとえば、ある意思決定をする際に、直観を使う人もいれば、意識思考を使う人もいるように、人によってどちらを使うかはさまざまです。

思考法に個人差があることは、さまざまな研究によって明らかになっています。

そして、無意識思考にも同じように個人差があるのです。

そのため、一概に「無意識思考は〇分間がベスト」と決めつけるのはナンセンスです。数学の問題を解くとき、人によってかける時間が違うように、無意識思考にかける時間も人によってさまざまというわけです。

もちろん、課題によっても必要となる時間は変わるでしょう。

世紀の大発見と、商品購入の意思決定とを比べれば、同じ無意識思考を活用するとしても、かかる時間は変わってくるはず。

前者は数年、あるいは数十年必要でしょうし、後者は数時間、長くてもせいぜい数日あれば十分です。

ただ、どちらにおいても変わらないのは、無意識思考を使うための時間を、あえて準備するということ。

無意識思考を活用したいのであれば、この点は必ず心がけておかねばなりません。

トリセツ② 他の何かに注意を向ける

無意識思考を起動させるためには、問題とは関係のない対象に、注意を向ける必要があります。無意識思考の実験で行われる妨害課題が、これに該当します。

無意識思考は、文字通り無意識に起こるもの。

しかし、意識的な注意などまったく不要というわけではありません。

無意識思考を行うためには、問題の対象とは違う〝何か〟に、意識的に注意を向けなければいけないのです。

その〝何か〟は何でも構わないのかといえば、実はそうでもありません。

注意を何に向けるか、そして無意識思考で何を行うかについては、あまり難しくないほうがよいのです。

これを検証した実験を紹介しましょう[45]。

被験者には、レンガの使い道について、通常とは異なる使用方法を2分間でできるだけ挙げるように求めるなど、創造性の程度を計測する課題をやるようにお願いします。

さらに被験者は、課題が出された後、

①すぐに回答を始める
②休憩する（つまり、何もしない）
③別の簡単な課題に取り組んだあとに回答する
④別の難しい課題に取り組んだあとに回答する

という４つのグループに分けられました。

その結果、③簡単な課題に取り組んだあとに回答したグループは、他の３つのグループよりも、より無意識思考の効果が出ていることがわかったのです。

この実験からわかるのは、第一に、休憩し、何もしないでいると、無意識思考のスイッチは入らないということ。「課題に取り組む」という行動がなければ、無意識思考はスタートしないのです。

第二に、難しい課題よりも簡単な課題の方が、より無意識思考の効果が大きくなることもわかりました。無意識思考をうまく活用したいなら、その間、難しいことはやらないほうがよさそうです。

似たような研究は他にもあります[46]。

妨害課題として、類推課題などの難しい課題ではなく、「好きな音楽をｉＰｏｄで聴く」という課題で実験してみたところ、なんと被験者は、好きな音楽を聴いたときのほうが、良い選択をしていたのです。

つまり、無意識思考でいい結果を出したいのなら、自分にとって楽しいことや、気持ちのいいこと、ラクラクできることを行うほうがいいようです。

そもそも、課題によっては無意識思考の期間が数日、数週間、数年にだって及ぶことがあるのは、音楽家や学者など先人たちの例でご紹介したとおり。

長期間になれば、その間にどのような課題をやるか、などと考えてもあまり意味はありません。

要するに、無意識思考を行っている期間に「何をやるか」について、さほど神経質になる必要はないのです。

ただ、時間をかけずに良い結果を導き出したいような場合には、あまり難しいことはやらず、好きなこと、楽しいことをやったほうが得策、ということは覚えておきましょう。

トリセツ③ 目的を明確にする

無意識思考は、文字通り無意識に行われるものですが、そのためのトリガーとして意識的に「目的意識」を持っておく必要があります。単に情報をつめこみ、放っておけば、勝手に良い選択、良い結果がひらめくというわけではありません。

実験においても、無意識思考をはじめる前に、

「○○の中から最も良い選択肢を選んでください」

と、必ず目的を提示していました。

結局のところ自分は何を決めなければならないのか、という点が明確になっていないまま、無意識思考を行おうと別のことに従事する時間を確保したところで、無意識思考ははじまりません。

良い結果は導き出せず、ただ時間を消耗するだけになってしまいます。目的意識の重要性は、科学的にも明らかになっています[47]。

２章（p58）にてご紹介した、４台の車の中から最も良い車を選んでもらう実験を覚えているでしょうか。研究者たちは少しやり方を変えて、無意識思考に目的意識が必要かどうかを確かめるために、次のような実験を行いました[47]。

４台の車の情報が提示されるところまでは同じですが、その後、３つのグループに分けられた被験者は、それぞれ次のような指示を受けました。

①意識思考条件

じっくり考えたあと、車について評価するように求められた。

②無意識思考条件

「これからパズル課題に取り組んでいただきますが、そのあとに車について評価してもらいます」という指示が与えられた。

③単純妨害条件

「実験はこれで終了です。これからパズル課題に取り組んでいただきます」という指示が与えられ、課題を終えたあと、車について評価するよう求められた。

つまり、②のグループには、車について評価するという目的を先に与え、逆に③のグループには、事前に目的を与えないまま妨害課題のみを解いてもらったのです。

その結果は、無意識思考を行った②のグループが、①、③のグループよりも良い選択ができました。

目的意識を持たないまま妨害課題を与えても、単に問題から注意を逸らしただけということになり、適切な選択はできないことがわかったのです。

もう1つ、目的意識に関して行われた興味深い実験があります[47]。

まず被験者たちは、3台の車についての特徴と、3人のルームメイトについての性格について、それぞれ10ずつの情報が提示されました。

３台の車のうち、１台は最も良い車（燃費が良い、など）、１台は最も悪い車（燃費が悪い、など）、残り１台はそのどちらでもない中間の車でした。

ルームメイトについても同様、１人は最も良い人物（きれい好き、など）、１人は最も悪い人物（不潔である、など）、残り１人はそのどちらでもない中間の魅力を持った人物でした。

そして、被験者を２つのグループに分け、１つのグループには車について、もう１つのグループにはルームメイトについて、評価をするように求めた上で、妨害課題を課したのです。

課題のあと、被験者たちは車とルームメイトの両方を評価しました。

その結果、それぞれ評価するように求められた方のみを、きちんと評価することができたのです。

つまり、関係ない情報が与えられていたにもかかわらず、評価するように求められた方の情報に絞って無意識思考が働き、きちんと評価できたことになります。

このように、無意識思考を起動させるためには、「何について考えるか」という目的意識を、自分自身が明確に持っておくことがとても重要なのです。

無から有は生まれない

ここで1つ、みなさんが誤解しがちな点について、ご説明しておこうと思います。

無意識思考について説明をするとき、よくいわれるのが、

「無意識に思考しているというより、単に注意をそらされて、新たな気持ちで選択に向き合うことで、良い選択ができているだけなのでは？」

という疑問です。

たとえば、新しい企画について考えてもアイデアが湧かないようなとき、デスクを離れて、コーヒーブレイクをはさみ、気分を一新して仕事に戻ると、いいアイデアが次々と湧いてきたというような現象は、実際によくあることです。

これは心理学で「セットシフティング（またはフレッシュルック）」と呼ばれます。

しかし、この現象と、無意識思考とは、明確に異なるのです。

無意識思考では、「思考」が実際に起こっているのは間違いありません。

前の項目で紹介した4台の車を評価する実験で、③の単純妨害条件グループに割り当てられた被験者たちは、単にセットシフティングを起こしているともいえます。問題から注意をそらされただけだからです。

一方、②の無意識思考条件のグループに割り当てられた被験者たちは、良いパフォーマンスを発揮しました。

この2つの結果を照らし合わせれば、無意識思考が単に気分転換することでフレッシュな視点を取り戻せるといった話ではなく、きちんと「思考」が行われているということがわかります。

もちろん、無意識思考を行うための情報は事前に頭に入れておく必要があります。いくら無意識思考を使ったところで、無から有は生まれません。

目的を明確にし、情報を十分に入れておけば、あとは他のことをしているうちに、自ずと無意識思考が最善の選択をしてくれるというわけなのです。

「直観」「熟考」「無意識」という3つの武器

ここまで、無意識思考の重要性とその活用法について、詳しく解説してきました。読んでくださった読者のみなさんなら、これからの実生活において、この無意識思考をきっと有効に活用してくださるだろうと信じています。

ただ1つ、お伝えしておきたいことがあります。

第三の思考である無意識思考はもちろんのこと、第一の思考である直観（速い思考）、そして第二の思考である意識思考（遅い思考）の2つもまた、私たちにとっては無意識思考と同じくらい必要で、あたりまえの思考だということです。

問題解決、意思決定に対するアプローチは、これら3つの思考を武器として、課題に合わせて臨機応変に対応させながら、こなしていくことが重要です。

そこで、これら3つの思考について、ここで今一度、簡単にまとめておきましょう。

直観（速い思考）は、意思決定の対象となる課題が与えられたあと、時間をかけず即座に意思決定をする方法です。

次に、意識思考（遅い思考）は、課題が与えられたあと、時間をかけてじっくり考える方法のことです。

そして、無意識思考は、課題が与えられたあと、その課題から一日離れて、まったく関係のない課題に従事してから、意思決定を行う方法です。

無意識思考において注意しなければならないのは、課題から離れたあと、意識的に何かに従事しなければならない、という点です。何かに従事しておかないと、十中八九、課題について意識的に考えてしまいますから、結果的に意識思考になってしまいかねません。

もう1つの注意事項は「目標設定」です。

通常、意思決定では、何らかの課題があり、それについて目標を設定します。

たとえば、「どの人物を採用するか」が課題としてあるなら、その目標は「自社の組織に一番フィットする人物を選択しよう」となるでしょう。そして、この目標設定なしには、無意識思考は機能しません。

p169に、これら3つの思考法の使い方をチャートにまとめました（【図版16】）。ぜひ参考にしてください。

では、直観、意識思考、無意識思考という3つの武器を、具体的にどのようにして使い分ければいいのでしょうか。

基本的には、直観ベースで時間をかけずどんどん決定していきましょう。

時間は有限です。しかし人生には、無数の選択の機会があります。そして、多くの選択は、単純で些細なものばかりですから、時間をかけない方が得策なのです。

実際、私たちの生活が滞りなく、いつものように、スムーズに進むのは、直観が「今日着るもの」「朝食べるもの」といった事柄に関して、スパスパと意思決定してく

【図版16】3つの思考法の使い方

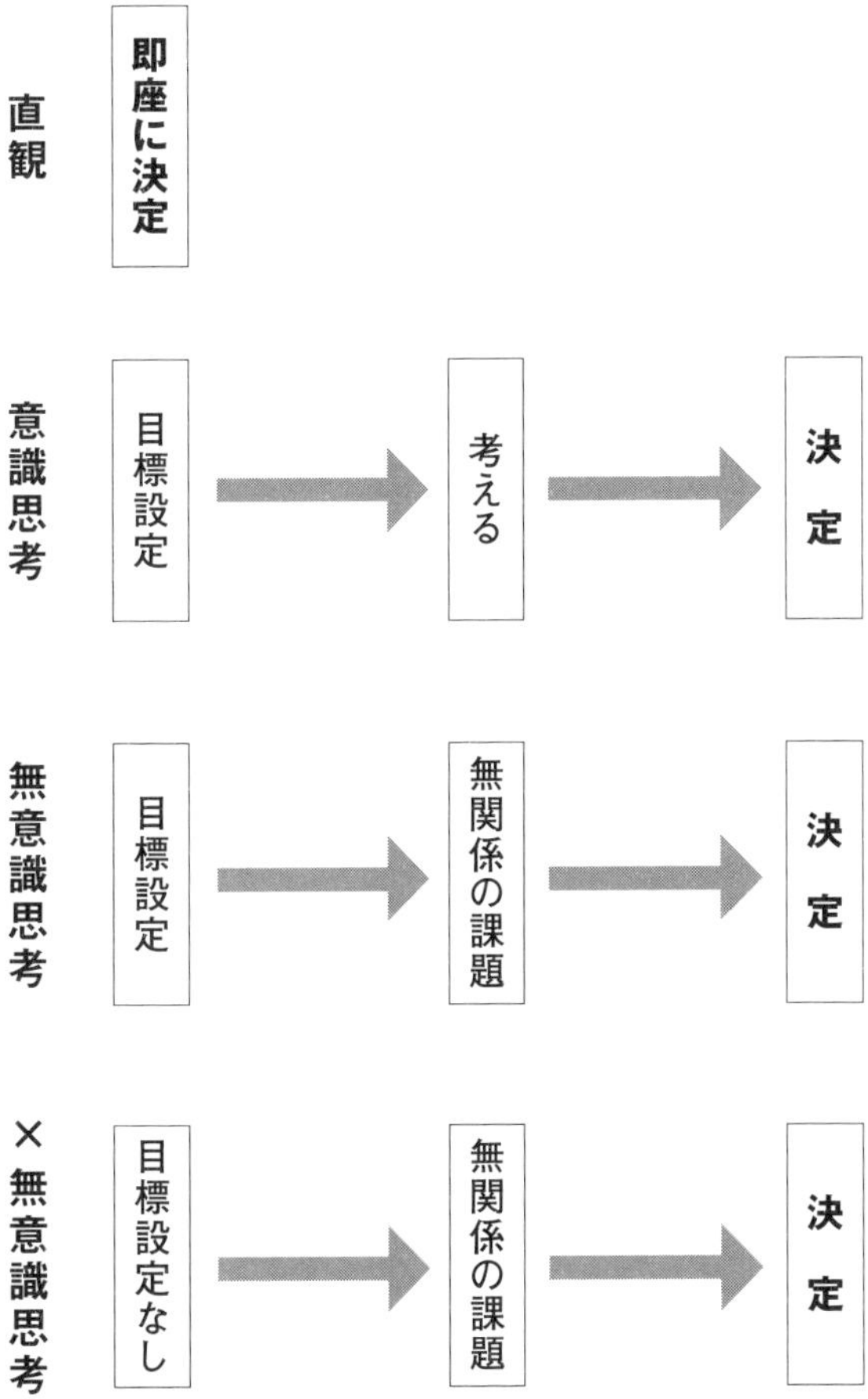

れているおかげです。

一方で、数値化可能なものや、定量的に扱うことができるものは、合理的に論理的に考えることが向いていますから、意識思考を使って考えることで、良い選択をもたらすことができます。

経理や財務の仕事は、意識思考の独擅場です。他にも、旅行予算の概算を見積もったり、予算内で購入できるものを見つけたりするといったことにも、意識思考が効力を発揮します。

定量的な問題は、論理性、合理性を追求する意識思考が最も得意とするところです。

そして、複雑な問題や難しい問題は、無意識思考を活用するのがいいでしょう。

たとえば、2時間の会議で重要な問題を議論し、意思決定を行わなければならないとしましょう。

その場合、午前中に1時間、午後に1時間の会議時間を確保した上で、間にランチタイムを挟むのが、賢い時間の使い方といえます。

【図版17】意思決定の大原則

1. 基本的には直観を使い時間をかけない
2. 数値化できるもの、定量的なものは意識思考を使い合理的に判断する
3. 複雑で難しい意思決定は無意識思考を活用する

ランチという会議と無関係なことをする時間を作ることで、無意識思考を使うことができるのです。

午前中の1時間は、意思決定の対象となっている課題や情報の共有に時間を使い、クオリティの高い情報のインプットに充てます。

意思決定をするのは、午後の1時間の間。

こう決めることで、無意識思考に良い働きをしてもらう条件が整うのです。

他にも、会議の前日に課題の情報共有を図っておく、というのも、無意識思考のためにはよい時間の使い方です。

逆に、会議中に結論を急ぐあまり「がんばって考える」「じっくり考える」というやり方は、意識思考にどっぷり漬かるやり方ですから、おすすめできません。

ちなみに、思考の3つの武器はミックスしながら使えます。

はじめは、意識思考を使って問題をじっくり考える。

それでうまくいかなかったら、無意識思考を使って、寝かせて考えてみる——という手順をとってもいいのです（【図版17】）。

むしろ、ミックスして使うことによって、より最適な意思決定ができるでしょう。

コラム④

脳にも「運動」が必要だ

食と並んで、脳の健康を保つために重要なのは、運動をすることです。もちろん、運動は体の健康にもうってつけですが、それがなぜかは、科学など持ち出さなくても感覚的におわかりのはず。

生物学的に、人間は植物ではなく動物です。つまり、本質的に動く生き物だということです。人類はそもそも数十万年もの間、狩りや狩猟で食糧を確保していました。やがて、田畑を自ら耕して作物を育てる生活へと変わったわけですが、要するに、生きるために常に動き回る日々を送ってきたのです。

ところが、現代の私たちはどうでしょう。

車や電車が発達し、徒歩移動が劇的に減り、快適なオフィスで仕事をするようになったのは、人類の長い歴史の中では、ここ最近の話です。

現代人は、圧倒的に運動できない環境に身を置かざるを得なくなっています。

運動が決定的に欠けてしまう生活が、私たちの体だけでなく、精神状態にも及ぼす悪影響は計り知れないのではないか、と感じています。

運動が体、特に脳に良いことは、科学的にも知られている事実です。

ハーバード大学の神経精神医学者ジョン・レイティは著書の中で、「運動は、身体的な面のみならず、精神的な面にも重要な影響を及ぼす」と述べています[48]。

運動がストレスや不安、うつなどの精神面の問題にも効果があり、さらに脳機能にも良い影響を与えることは、さまざまな研究によって指摘されています。


趣味でスポーツを続けているなら、それはとっても幸せなことです。

ジム通いもいいですが、抵抗があったり続かないという人は、1日30分、ウォーキングをしてみるだけでも、体調や思考が変わってきます。

朝、今より30分早く起きて、通勤時に1駅分多く歩いてみるだけで十分。

運動で頭をスッキリさせて、仕事に取り組めば、これまでよりもっと捗《はかど》るはずです。

【第6章】

第三の思考で人生は変わる！

——“創造性”は人間が持つ最高の知性

〝結果〟はもちろん〝過程〟も大事

私たちは日々、何かを選択しています。つまり、意思決定を行っています。

その対象は大小さまざま、というのは何度も繰り返してきたとおりです。


そこで考えたいのは、特に人生を左右するような選択において、私たちは、

「あれはよかった」

「これはよくなかった」

という結果にばかり目が行きがちだという点です。

しかし本当は、決定に至るまでのプロセス、つまり思考法がカギを握っています。

どのようにして選んだのか、どのような思考の結果、その選択に至ったのか。

その点について考える人は、あまりいないようです。

たとえば、成功確率が60％の投資先Aと、成功確率が40％の投資先Bがあるとします。あなたの手元には100万円があり、成功すれば10倍、つまり1000万円になりますが、失敗すればすべてを失ってしまいます。

検討したあなたは、投資先Aを選んで投資しました。ところが失敗し、お金をすべて失ってしまった――。

そこで考えてみてください。

あなたが投資先Aを選択したことは、間違いだったのでしょうか？　あなたの選択は、100点満点中、何点だったでしょう？

何も問題ありません。100点です。確率的には正しい選択です。

しかし、失敗した自分に100点満点をつける人は少ないでしょう。「失敗した」という結果に引っ張られて、正しい選択ですら、正しく評価できなくなってしまいます。

仮に、あなたの友人が投資先Bに投資して成功した、なんて話を聞こうものなら、選択は正しかったにもかかわらず、あなたは点数をますます下げてしまうのではないでしょうか。

同じような状況が実際のビジネスで起こってしまうと、事はもっと深刻なものになってしまうでしょう。

組織は、意思決定の結果のみを参考に、その人やグループを評価するからです。結果を重視するのは、ビジネスでは当然のことです。

ただ、結果が良ければ、その結果を導いた意思決定のアプローチも、正しい方法でなされたに違いないと思いこんでしまうのは考えものです。

問題に対するアプローチのプロセスをないがしろにしてしまうと、結果がすべてという思考に陥ってしまいます。

これがよくないのは、失敗を恐れるあまり、意思決定に対する恐怖心が芽生えてしまうことです。さらに、意思決定に必要な質の高い情報をきちんと集めることができたかどうかを、振り返る機会を失ってしまいます。

アプローチは正しくても、結果が伴わないこともあります。

しかし、結果が悪ければ、アプローチすら失敗であると勘違いしてしまうのです。

そうすると、結果が100％保証されない限り、誰も意思決定などしたがらないでしょう。失敗したい人などいないからです。

結果重視の環境で、失敗しないためにできることはただ1つ、何もしないことです。

何かを実行するとき、リスクが伴わないことなどないからです。

だから日本人は、何もしないためなら何でもするようになってしまいました。冗談のように聞こえるかもしれませんが、私は的を射ていると思います。

がんばっても良くない結果に終わったときすべてを失うのであれば、何もしないほうがいい……。それはそれで1つの意思決定ではありますが、この風潮が続けば、新しいことに挑戦する人はいなくなってしまうでしょう。

挑戦する人のいない組織は存続していけません。

そうならないためにも、結果だけでなく、意思決定の過程も同じように評価されるべきだと思うのです。

そうはいっても、そうそう他人からの評価基準が変わることはないものです。

ただ、自分で自分の評価基準を変えることは、今すぐにでもできます。

意思決定の過程を評価するとは、決定に至るまでに自分がどのようなアプローチをとっていたのかを顧みることです。

直観、意識思考、無意識思考のどの思考を使ったのか。

意思決定に必要な情報を集めることができたのか。

サイコロを振るかのごとく、いい加減に決めなかっただろうか。

他人のいうことを鵜呑みにしなかっただろうか。


それらを振り返ることで、結果に対する自分自身の解釈がずいぶんと異なってくることも多いのではないでしょうか。

30年前に無意識思考の重要性を伝えた名著

さて、ここまで無意識思考という概念について、その科学的根拠を説明してきたわけですが、この思考そのものが、ここ数年までまったく認識されていなかった、ということはないように思います。

たとえば、30年以上のロングセラーとなっている名著『思考の整理学』の中で、お茶の水女子大学名誉教授の外山滋比古氏は、「意識思考」「無意識思考」という言葉こそ使っていないものの、概念的には同じ思考法について言及しているのです。

外山氏は、おもしろい発想を生むために必要なプロセスを、ビール製造になぞらえました。

そして、論文のおもしろいテーマなどアイデアや創造性を生むためには、「醗酵」

「寝かせる」というプロセスが必要不可欠である、としたのです。

ビールを作るには素材となる麦が必要ですが、それだけでは足りません。醗酵素も必要です。いわば、おもしろい発想を生むためのアイデアやヒントです。

しかし、醗酵素だけでも足りません。醗酵させるには「寝かせる」というプロセスが必要だと外山氏は指摘しているのです。

「頭の中の醸造所で、時間をかける。あまり騒ぎ立ててはいけない。しばらく忘れるのである」[49)]

「思考の整理法としては、寝させるほど大切なことはない。思考を生み出すのに寝させるのが必須である」[50)]

このプロセス、まさに無意識思考のことをいっています。

また、どれくらい寝かせれば醗酵するのかという点については、

「一律には行かないところが、ビール作りとは違うところで、ビールは一定の時間寝かせておけばいいが、頭のアルコール作りは、ひとによって、また、同じ人間でも、

場合によって醗酵までに要する時間が違っている」[51)]

と指摘しています。

これもまた、無意識思考に個人差がある点と同じです。

さらに、こんなことまでおっしゃっています。

「よく、〝朝から晩までずっと考え続けた〟というようなことを言う人がある。いかにもよく考えたようだが、その実は、すっきりした見方ができなくなってしまっていることが多い。こだわりができる。大局を見失って枝葉に走って混乱することになりかねない」[52)]

要するに、意識思考の限界性について指摘されているのです。

そして、外山氏は最後にこう締めくくっています。

「努力をすれば、どんなことでも成就するように考えるのは思い上がりである。努力してもできないことがある。それには、時間をかけるしか手がない。幸運は寝て待つのが賢明である。ときとして、一夜漬けのようにさっとできあがることもあれば、何十年という沈潜ののちに、はじめて、形をととのえるということもある。いずれにしても、こういう無意識の時間を使って、考えを生み出すということに、われわれはもっと関心をいだくべきである」[53)]

この本が書かれた当時は、無意識的な思考の可能性について議論されてはいたものの、その科学的根拠にまでは踏み込めていなかったでしょう。

そのような時代背景のなかで、無意識思考の重要性を、ここまで具体的かつ簡潔に説明される外山氏は、やはり一流の研究者であろうと私は思います。

そして、外山氏ご本人こそ、無意識思考の達人であっただろうとも推察されるのです。

論理的、理性的な思考は〝すでに限界〟をむかえている

現代は「ＶＵＣＡ」（ブーカ）の時代といわれます。

「ＶＵＣＡ」とは、「Volatility＝不安定」、「Uncertainty＝不確実」、「Complexity＝複雑」、「Ambiguity＝曖昧」の４つの単語の頭文字をとったもの。日本を含めた世界情勢を、端的に表現した言葉とされています。

昨今、政治、企業経営が、非常に複雑で不安定な環境におかれているのはご存じのとおりです。個人の生活も同様で、いわゆる断捨離ブームや、それに関連してシンプルライフ、モノを極力持たないミニマリストという人たちが増えているそうです。

裏を返せば、私たちの生活が複雑になっているということでしょう。

ビジネスパーソンの研修や教育システムにも、大きな変化が訪れています。

一昔前までは、大手企業の幹部候補者を中心に、海外の著名大学でＭＢＡ（経営学修士）を取得するのが流行っていましたが、最近では、ＭＦＡ（芸術学修士）に変わってきています。

経営コンサルタント・独立研究者の山口周氏は、著書『世界のエリートはなぜ「美意識」を鍛えるのか？　経営における「アート」と「サイエンス」』の中で、グローバル企業は今、幹部職員のトレーニングを行うために、従来のビジネススクールではなく、アートスクールや美術系大学院に送り込んでいる、と書いています。

このトレンドは、すでに10年前から続いているそうですが、単に芸術の教養を身につけさせるためではない、というのです。

それには、複雑なビジネス環境が起因しているといいます。

山口氏は、ビジネスパーソンに美意識を鍛えさせる背景として、次のような要因を挙げています。

「これまでのような『分析』『論理』『理性』に軸足をおいた経営、いわば『サイエンス重視の意思決定』では、今日のように複雑で不安定な世界においてビジネスの舵取りをすることはできない」[54)]

つまり、昨今においては、論理的、理性的な情報処理スキルの限界が露呈しているというわけです。

これまでは、分析的で論理的な情報処理スキルというのは、ビジネスパーソンにとって必須のものとされてきました。

しかし、考えてみれば、論理的に情報処理するということは、他人と同じ答えを導くことを意味するわけなので、必然的に「差別化の消失」をまねきます。

さらに、同氏は、分析的・論理的な情報処理スキルの、方法論としての限界も指摘しています。

ＶＵＣＡに象徴される複雑な環境においては、

「これまで有効とされてきた論理思考のスキルは、問題の発生とその要因を単純化された静的な因果関係のモデルとして抽象化し、その解決方法を考えるというアプローチをとります。しかし、問題を構成する因子が増加し、かつその関係が動的に複雑に変化するようになると、この問題解決アプローチは機能しません」[55]

そこで、山口氏は、経営における意思決定を「論理」と「直感」、「理性」と「感性」という対立軸で整理しました。

そして、多くの日本人は、ビジネスの意思決定では論理的で理性的であることを、直感的や感性的であることよりも高く評価する傾向がある、と主張したのです。

さらに、経営の意思決定においては、論理も直感も高い次元で活用すべきモードであり、両者のうち一方が、片方に対して劣っているという考えは危険だという認識の上で、現在の企業運営は、その軸足が「論理」に偏りすぎていると問題提起していま す（本書では直観と表記してきましたが、原著を尊重し直感と表記しています）。

つまり、これだけ複雑な環境では、論理や理性では割り切れないのです。

私の研究データが示す通り、日本人のビジネスパーソンはどちらかというと論理的・合理的な思考スタイルを持っています。

そのため、論理に偏りすぎているのは、データからも明らかです。

感性を養うために芸術を学ぶことは良いことでありますし、社会の変化に適応するためにこのようなトレンドが続くのは望ましいことでしょう。同時に、間違いなく必要なのは思考法について学ぶことです。

これまで見てきたように、複雑な条件下での意思決定そして創造的発想は、無意識思考が最も得意とするところです。直観も無意識思考も、ひらめきという点では似ているものですが、本来はまったく異なります。

いずれにしても、昨今のような複雑な社会での意思決定においては、無意識思考が大変効力を発揮するものであることは、覚えておきたいものです。

これからの時代を存分に楽しむために必要な「Third thinking」

冒頭から繰り返してきたとおり、これからの社会では、創造性が発揮できない人は淘汰されていく可能性が高いでしょう。

人工知能（AI）の急速な発展により、単純作業はコンピューターやロボットにとってかわられようとしています。この自動化の風潮は世界規模で展開されています。

イギリスのオックスフォード大学で人工知能の研究を行うマイケル・オズボーン准教授は、人工知能の高度化に伴って、今後10年から20年で、今ある仕事の約半分はなくなってしまうと予測しています[56)]。

たとえば、タクシー運転手は、自動運転の車が実用化されれば、仕事がなくなるでしょう。レストランの案内やホテルの受付も、タブレットで代替されてしまう可能性があります。大半の事務職も、人工知能に仕事を奪われてしまうといわれています。また、すでに海外では「無人コンビニ」なるものが、試験的に始まっているようです。将来的には、店の人員も大幅に減少するかもしれません。

つまり、身の回りにある、ありとあらゆる仕事が、縮小される、あるいはなくなってしまうかもしれないのです。

あらゆるものが自動化、効率化していくことで、社会システムがより円滑化するという一面は確かにあります。

日常的に電子マネーをお使いの人は多いでしょう。買い物するとき、電車やバスに乗るとき、タッチするだけで決済できてしまうのは非常に便利です。

しかし、電子マネーが登場する以前は、もちろん人の手でその媒介を行っていたわけです。お会計では店員さんとのお金のやり取りが必須でした。電子システムの登場により、社会的効率性は大幅にアップしたのです。

コンピューターが得意としているのは、単純作業の自動化です。

それはつまり、人間が単純作業から解放されることを意味しています。その分、人間は時間と労力を使って、よりクリエイティブな仕事に従事することができるのです。

先ほどのオズボーン准教授は、絶対に消えない仕事として真っ先に、「クリエイティブな仕事」を挙げています。

また、カウンセラーやセラピストなど、人と対面で接し、導いたり癒やしたりする仕事も、人にしかできません。発明・発見を仕事とする研究者や、芸術を生み出すアーティストも、代替は難しいでしょう。

人や組織をリードするマネジャーのような仕事も、なくならないかもしれません。

単純作業はコンピューターが、クリエイティブな仕事は人間が行う――。そういう時代が、まもなく到来します。

それは、人間の創造性によって経済、時代を切り開いていく、「クリエイティブ・エコノミー」と呼ばれる時代です。

今後、クリエイティブ・エコノミーの社会で生き残っていく際に問題なのは、高齢になってからの仕事や雇用でしょう。

もちろん、若い現役世代であれ、クリエイティビティを発揮しなければ今後、生き残っていくのは非常に大変な時代になります。

そして、高齢者はもっと大変です。

現在、日本の平均寿命は男性81歳、女性87歳。医療や社会制度の発展により、近い将来90歳まで伸びるといわれています。

平均寿命が伸びるのと相まって引き上げられるのが、定年です。

国民年金が導入された当時、多くの企業は55歳定年制でした。

それが、いつの間にか60歳に引き上げられ、２０１２年には65歳まで継続雇用することが義務化されたのです。このまま寿命が延び続ければ、おそらく定年70歳、いや75歳となる日がくるでしょう。

まさに人生を終えるその瞬間まで働く、「生涯現役」が現実のものとなりつつあります。というより、多くの世帯では、働き続けなければまともに生計を立てることも難しいようです。

体力はもちろんのこと、記憶力など認知機能は、年とともに衰えていきます[57]。

アンチエイジングなどで若さをキープすることが流行っていますが、それにも限度があるでしょう。

加齢と衰えは、人間に生まれたからには避けられない宿命です。

現状でも、70代の人材を雇用できる企業は限られているといいます。

では、果たして、80歳の人材を雇用できる企業は、どれだけあるだろうか。

現在の現役世代が考え、準備しなければならないのは、この点です。


かつては、上司の指示に従い、決まりきったルーティン・ワークをこなせば、定年まで安泰でした。それが崩壊しつつあるのは、誰にいわれるまでもなくみなさんが実感していることでしょう。

その上さらに、ＡＩによる自動化の波が押し寄せてきています。私たちは、抜本的に働き方、考え方を変えるときにきているのでしょう。

これからの時代、創造性の発揮なくして生き残るのは至難の業です。

もっとも、創造性を発揮できるなら「90歳まで現役」も夢ではありません。

誰もやっていないこと。

誰も思いつかないようなこと。

まだ誰も気づいていないこと。

まだ誰も手を付けていないこと。


それを見つけ、ものにして、世に知らしめる創造性を発揮できるかどうか。

それが、成功できるかどうかのカギになります。

創造性は、人間が持つ最高の知性です。

それを思う存分発揮するために、今必要なことは、創造性を発揮するためのヒントを与えてくれる「無意識思考」を、自ら駆使する方法を知ることです。


発明発見の基礎となるのは、斬新なアイデアや発想です。

より専門的にいうと、それは「発散的思考」なのです。

アイデアや発想は、どこかに落ちているわけではなく、ましてや他人が教えてくれるものではありません。自分の頭で考えるしかないのです。

逆説的に聞こえるかもしれませんが、アイデアがほしければ、机の上で考えている時間などもったいない。

アイデアに必要な情報を得たら、さっさと遊びにでもいって、好きなことをすべきでしょう。

そのうち、あなたの脳は無意識的に思考し、処理して、突然あなたに、斬新なアイデアというギフトをプレゼントしてくれるはずです。

エピローグ

無意識思考は誰にも与えられた、より人生を豊かにする〝最強の思考法〟だ！

「複雑な問題に対して、最高の意思決定を行う」
「創造的な思考を身に付ける」

この2つは、現代社会で必要不可欠です。そして無意識思考は、この2つを可能としてくれます。

今後の社会において、無意識思考を使えるか否かで、その人の人生が大きくかわってくるのではないでしょうか。

無意識思考は、誰にでもできます。特別な装置など何もいりません。意識思考とは違い、一生懸命にがんばらなくてもできます。むしろ、「がんばって考える」という努力の否定ですらあります。

これまでは、複雑で難しい選択や、斬新なアイデアをひねり出そうと肩肘張って考えていた人も、これからは気楽に、楽しみながら、無意識思考で取り組めばいいのです。

まさに「果報は寝て待て」です。

無意識思考は、決して新しい思考法ではありません。

人類史に残る偉人たちも、無意識思考を使って発明、発見をしていたことは、数々の証言から読み取ることができました。

もっとも、当時は現在のように科学技術が発展していませんでしたから、その実態を計測することはできませんでした。本書でご紹介した心理学研究、そしてｆＭＲＩを用いたリアルタイムの脳活動の計測といった技術が出現したのは、ここ最近の話です。

無意識は、紙の質問紙では計測できません。科学がようやく無意識というブラックボックスに光を当てられるようになった、ともいえます。

私は、無意識思考と併せて、才能や天才性などを研究してきました。その過程で、目に見えない存在について考えさせられることが多かったのも事実です。

魂の存在、神、そして霊感の存在……。

偉人の中には、その創造性を、自身の魂や霊感によるものと証言する人も少なくありません。これは明らかに、無意識や潜在意識とは違うものです。

確かに、あまりにも突出している稀有な芸術性や作品数、類まれなる能力を目にすると、目に見えない〝何か〟があってもおかしくないようにも思えてきます。

私は霊感などない普通の人間です。霊的現象は目に見えない世界であり、現代の科学では解明できません。そのため、科学研究者の多くが、霊的現象に否定的な見方をするのもやむを得ないことだと思います。

しかし、計測できないからといって全否定するのも、また科学的ではないと感じています。

最新の量子論によると、私たちはどうやら見たとおりの世界を生きているわけではないといいます。目に見える世界ですら、科学的に解明できることはほんのわずかでしかありません。スピリチュアルの科学研究などを読み解くに、そのような霊的世界があってもおかしくないと個人的には考えています。

実のところ、無意識や潜在意識は、スピリチュアルや超常現象の枠組みで語られることが多いのです。だからといって、それらを「霊感」という一言に集約し、その有無が類まれなる才能に影響すると考えるのは、早計ではないでしょうか。

これでは、霊感がない人たちは一様に才能に恵まれていないことになってしまいます。霊感のように感じていたインスピレーションは、実は、無意識思考によって導かれていたものだった。その可能性は大いにあるのです。

現実に、科学的に検証することによって、無意識は私たちに実に多くのことをもたらしてくれていることは、すでに明らかにできたと思います。

無意識思考の存在、そして、その効果の偉大さは、研究してきた私が一番確信しているものです。無意識思考こそ、最強の思考法です。

そして私は、この無意識思考が、もしくはシステム3、第三の思考という言葉が、あたりまえのようにビジネスや教育の現場で用いられるようになることを、夢見ています。

最後に、本書を出版するきっかけを作ってくださった東京医科歯科大学の歯科医で品龍寺住職の半田威徳さん、また執筆にあたっては、あさ出版の皆様ならびに玉置見帆さんに大変お世話になりました。

あらためて、感謝申し上げたく思います。

そして、いつも支えてくれている家族にも感謝を。

最後に、読者のみなさんが、無意識思考によってより良い選択と、より素晴らしい創造性を手にできることを心から願っています。

影山徹哉

〈参考文献〉

1. Kahneman, D., *Thinking, fast and slow.* 2011: Macmillan.（邦訳『ファスト&スロー　あなたの意思はどうのように決まるか？（上）（下）』村井章子訳、早川書房、２０１２）
2. Iyengar, S., How to make choosing easier. 2011.11; Available from: https://www.ted.com/talks/sheena_iyengar_how_ to_make_choosing_easier.
3. Frederick, S., Cognitive reflection and decision making. *Journal of Economic perspectives*, 2005. 19(4): pp. 25-42.
4. Lieberman, M.D., Social cognitive neuroscience: a review of core processes. *Annual Review of Psychology.*, 2007. 58: pp. 259-289.
5. Simon, H.A., *The new science of management decision.* 1977, Englewood Cliffs: Prentice Hall.（邦訳『意思決定の科学』稲葉元吉、倉井武夫訳、産業能率大学出版部、１９７９）
6. Akinci, C., and Sadler-Smith, E., Intuition in management research: A historical review. *International Journal of Management Reviews*, 2011. 14(1): pp. 104-122.
7. Khatri, N., and Ng, H.A., The role of intuition in strategic decision making. *Human relations*, 2000. 53(1): pp. 57-86.
8. Sadler-Smith, E., Cognitive style and the management of small and medium-sized enterprises. *Organization Studies*, 2004. 25(2): pp. 155-181.

9. Baldacchino, L., et al., Entrepreneurship research on intuition: a critical analysis and research agenda. *International Journal of Management Reviews*, 2015. 17(2): pp. 212-231.
10. Elbanna, S., Child, J., and Dayan, M., A model of antecedents and consequences of intuition in strategic decision-making: Evidence from Egypt. *Long Range Planning*, 2013. 46(1): pp. 149-176.
11. Elbanna, S., Intuition in project management and missing links: Analyzing the predicating effects of environment and the mediating role of reflexivity. *International Journal of Project Management*, 2015. 33(6): pp. 1236-1248.
12. Agor, W.H., The logic of intuition: How top executives make important decisions. *Organizational Dynamics*, 1986. 14(3): pp. 5-18.
13. Sadler-Smith, E., Spicer, D.P., and Tsang F., Validity of the Cognitive Style Index: replication and extension. *British Journal of Management*, 2000. 11(2): pp. 175-181.
14. Allinson, C.W. and Hayes J., The cognitive style index: A measure of intuition-analysis for organizational research. *Journal of Management studies*, 1996. 33(1): pp. 119-135.
15. Burke, L.A. and Miller M.K., Taking the mystery out of intuitive decision making. *Academy of Management Executive*, 1999. 13(4): pp. 91-99.
16. A one-on-one interview with Bill Gates. Available from: http://edition.cnn.com/2002/TECH/industry/02/28/gates/.
17. Isaacson, W., *STEVE JOBS*. 2011: Simon & Schuster.
18. Life Lessons from Howard Schultz. Available from: https://www.inc.com/magazine/201406/david-kaplan/life-lessons-from-howard-schultz-of-starbucks.html.

19. Branson, R., *Losing my virginity: how I've survived, had fun, and made a fortune doing business my way*. 1998: Crown Business. (邦訳『ヴァージン――僕は世界を変えていく』植山周一郎訳、ＴＢＳブリタニカ、１９９８)
20. Stanovich, K.E. and West, R.F. Advancing the rationality debate. *Behavioral and brain sciences*, 2000. 23(5): pp. 701-717.
21. Kageyama, T. and Sugiura, M., Relationship of Cognitive Style and Job Level: First Demonstration of Cultural Differences. *Frontiers in Psychology*, 2017. 8.
22. Dijksterhuis, A., et al., On making the right choice: The deliberation-without-attention effect. *Science*, 2006. 311(5763): pp. 1005-1007.
23. Bargh, J., Reply to the commentaries. *In R. S. Wyer (Ed.), Advances in social cognition*: Vol. 10. The automaticity of everyday life. 1997: Mahwah, NJ: Erlbaum. pp. 231–246.
24. Dijksterhuis, A. and Strick, M., A case for thinking without consciousness. *Perspectives on Psychological Science*, 2016. 11(1): pp. 117-132.
25. Strick, M., Dijksterhuis, A., and van Baaren, R.B., Unconscious-thought effects take place off-line, not on-line. *Psychological Science*, 2010. 21(4): pp. 484-488.
26. Reinhard, M.-A., Greifeneder, R., and Scharmach, M., Unconscious processes improve lie detection. *Journal of Personality and Social Psychology*, 2013. 105(5): pp. 738-762.
27. Schwartz, B. *The paradox of choice: Why more is less*. 2004. Ecco.

28. Messner, C. and Wänke, M., Unconscious information processing reduces information overload and increases product satisfaction. *Journal of Consumer Psychology*, 2011. 21(1): pp. 9-13.
29. Abadie, M., Waroquier, L., and Terrier, P., Gist memory in the unconscious-thought effect. *Psychological Science*, 2013. 24(7): pp. 1253-1259.
30. de Vries, M., et al., The unconscious thought effect in clinical decision making: an example in diagnosis. *Medical Decision Making*, 2010. 30(5): pp. 578-581.
31. Creswell, J.D., Bursley, J.K. and Satpute A.B., Neural reactivation links unconscious thought to decision-making performance. *Social cognitive and affective neuroscience*, 2013. 8(8): pp. 863-869.
32. Kageyama, T., et al., Performance and Material-Dependent Holistic Representation of Unconscious Thought: A Functional Magnetic Resonance Imaging Study. *Frontiers in Human Neuroscience*, 2019. 13: p. 418.
33. Dijksterhuis, A. and Nordgren, L.F., A theory of unconscious thought. *Perspectives on Psychological science*, 2006. 1(2): pp. 95-109.
34. Miller, G.A., The magical number seven, plus or minus two: Some limits on our capacity for processing information. *Psychological Review*, 1956. 63(2): pp. 81-97.
35. Dijksterhuis, A., Think different: the merits of unconscious thought in preference development and decision making. *Journal of personality and social psychology*, 2004. 87(5): pp. 586-598.
36. Wilson, T.D., et al., Introspecting about reasons can reduce post-choice satisfaction. *Personality and Social Psychology Bulletin*, 1993. 19(3): pp. 331-339.

37. Dijksterhuis, A. and van Olden, Z., On the benefits of thinking unconsciously: Unconscious thought can increase post-choice satisfaction. *Journal of experimental social psychology*, 2006. 42(5): pp. 627-631.
38. Bos, M.W. and Dijksterhuis, A., Unconscious thought works bottom-up and conscious thought works top-down when forming an impression. *Social Cognition*, 2011. 29(6): pp. 727-737.
39. Dijksterhuis, A. and Meurs, T., Where creativity resides: The generative power of unconscious thought. *Consciousness and Cognition*, 2006. 15(1): pp. 135-146.
40. Andreasen, N.C., *The creating brain: The neuroscience of genius*. 2005: Dana Press.（邦訳『天才の脳科学――創造性はいかに創られるか』長野敬・太田英彦訳、青土社、２００７）
41. Morita, A., *Selling to the world: The Sony Walkman story*, In J. Henry and D. Walker (Eds), Managing Innovation, London. 1991: SAGE Publications.
42. Hemingway, E., *The Hemingway Collection*. 2014: Simon and Schuster.
43. Yang, H., et al., Unconscious creativity: When can unconscious thought outperform conscious thought? *Journal of Consumer Psychology*, 2012. 22(4): pp. 573-581.
44. Strick, M., et al., A meta-analysis on unconscious thought effects. *Social Cognition*, 2011. 29(6): pp. 738-762.
45. Baird, B., et al., Inspired by distraction: mind wandering facilitates creative incubation. *Psychological Science*, 2012. 23(10): pp. 1117-1122.

著者紹介

影山徹哉（かげやま・てつや）

京都芸術大学客員教授
経営脳科学者、博士（医学）

1982年福島県郡山市生まれ。宮城県仙台市在住。

東北大学経済学部、同大学院研究科博士課程前期修了。米国パデュー大学留学後、中小企業支援機関に経営コンサルタントとして勤務。コンサルタントとして活躍する中、福島市にて東日本大震災で被災。身近な人も含めた多くの死を目の当たりにしたことで、人生観が劇的に変化。後悔のない生き方をしたいと、以前より興味のあった脳科学研究を志す。

その後、東北大学大学院医学系研究科博士課程（脳科学専攻）に進学し、脳機能イメージング研究の第一人者・川島隆太教授、杉浦元亮教授に指導を受ける。

博士課程在学時には、東北大学学際高等研究教育院の博士研究教育院生に選抜され、文系、理系の枠を超えた世界最先端の文理融合研究に携わり、東北大学加齢医学研究所人間脳科学研究分野研究員を経て、現職。

専門領域は、脳科学、コーチング心理学、経営心理学。

大学教員を務める傍ら、高校生向けの講義、一般向けの各種講演、個人コーチング、法人向けコンサルティングを行うなど幅広く活動している。

●ホームページ
https://the-office-kageyama.com/

Third Thinking
最先端《さいせんたん》の脳科学《のうかがく》・心理学研究《しんりがくけんきゅう》が証明《しょうめい》した最強《さいきょう》の思考法《しこうほう》　〈検印省略〉

2020年 06月 27日 第 1 刷発行

著　者――影山 徹哉（かげやま・てつや）
発行者――佐藤 和夫

発行所――株式会社あさ出版
〒171-0022 東京都豊島区南池袋 2-9-9 第一池袋ホワイトビル 6F
電　話　03 (3983) 3225（販売）
　　　　03 (3983) 3227（編集）
F A X　03 (3983) 3226
U R L　http://www.asa21.com/
E-mail　info@asa21.com
振　替　00160-1-720619

印刷・製本（株）ベルツ

facebook　http://www.facebook.com/asapublishing
twitter　http://twitter.com/asapublishing

ISBN978-4-86667-215-1 C2034

46. McMahon, K., et al., Driven to distraction: The impact of distracter type on unconscious decision making. *Social Cognition*, 2011. 29(6): pp. 683-698.
47. Bos, M.W., Dijksterhuis, A., and van Baaren, R.B., On the goal-dependency of unconscious thought. *Journal of Experimental Social Psychology*, 2008. 44(4): pp. 1114-1120.
48. John J. Ratey, J.J., and Hangerman, *Spark: The Revolutionary New Science of Exercise and the Brain*. 2008: Little, Brown and Company（邦訳『脳を鍛えるには運動しかない！ 最新科学でわかった脳細胞の増やし方』野中香方子訳、ＮＨＫ出版、２００９）
49. 外山滋比古『思考の整理学』筑摩書房、１９８６　32頁
50. 参考文献49　40頁
51. 参考文献49　34頁
52. 参考文献49　38頁
53. 参考文献49　41頁
54. 山口 周『世界のエリートはなぜ「美意識」を鍛えるのか？ 経営における「アート」と「サイエンス」』光文社、２０１７　14頁
55. 参考文献54　16頁
56. Frey, C.B. and Osborne, M.A., The future of employment: How susceptible are jobs to computerisation? *Technological Forecasting and Social Change*, 2017. 114: pp. 254-280.
57. Salthouse, T.A., Selective review of cognitive aging. *Journal of the International Neuropsychological Society*, 2010. 16(5): pp. 754-760.